定期テスト **ズバリ**よくでる 社会 公民

もくじ

取り外してお使いください 赤シート+直前チェックBOOK,別冊解答

【写真提供】 ＊一部画像はトリミングして掲載しています。
ALBUM/アフロ／apjt/amanaimages／GRANGER.COM/アフロ／PPS通信社／アフロ／国連広報センター／公益社団法人 日本臓器移植ネットワーク／朝日新聞社

※第1学年・第2学年では，地理的分野と歴史的分野を並行して学習することを前提に，全国の定期テストの標準的な出題範囲を示しています。
学校の学習進度とあわない場合は，「あなたの学校の出題範囲」欄に出題範囲を書きこんでお使いください。
※本書は，東京書籍発行の「新しい社会　公民」を参考に編集してあります。

Step 1 基本チェック ● 第 1 章 現代社会と私たち
10分

次の問題に答えよう！　間違った問題には□にチェックをいれて，テスト前にもう一度復習！

❶ 現代社会の特色と私たち
解答欄

□ ❶ 持続可能な社会の実現のために，私たち一人一人が積極的に
社会の課題解決に取り組むことを何というか。 　❶

□ ❷ たくさんの人や物が，国境をこえて移動できるようになり，
世界の一体化が進むことを何というか。▶ 図1 　❷

□ ❸ ［国際競争］が進み，各国が競争力のある産業に力を入れ，
競争力のないものは輸入するようになることを何というか。 　❸

□ ❹ 自国で消費する食料を自国の生産でまかなう割合を何というか。 　❹

□ ❺ ［合計特殊出生率］の低下と［平均寿命］ののびによって子ども
の数が減り，高齢者の割合が増えることを何というか。▶ 図2 　❺

□ ❻ 情報の果たす役割が社会の中で大きくなっていくことを何というか。 　❻

□ ❼ 情報を正しく活用する［情報リテラシー］を持ちながら
情報に接する態度を何というか。 　❼

❷ 私たちの生活と文化

□ ❽ 長い歴史のなかで受けつがれてきた文化を何というか。 　❽

□ ❾ 価値観の異なる人々が，文化のちがいを認め合いながら
生活していくことを何というか。 　❾

❸ 現代社会の見方・考え方

□ ❿ ［家族］や［地域社会］など，人間が生活する単位を何というか。 　❿

□ ⓫ 無駄を省く［効率］に対し，全員を尊重する考え方を何というか。 　⓫

図1 日本に住む［外国人］の数の推移

図2 主要国の［高齢者］の割合の推移と推計

グローバル化が進む中でも，伝統文化を守り，相手の立場を考えて課題に向き合う姿勢は大切にしたいね。

ズバリよくでる▶直前

チェック
BOOK

■ テストに**ズバリよくでる**！
■ **重要事項**を掲載！

社会
全教科書版
公民

赤
シートで
何度でも！

第1章 現代社会と私たち

1節　現代社会の特色と私たち
2節　私たちの生活と文化
3節　現代社会の見方・考え方

図解でチェック

現代社会の特色

（グローバル化）	人やもの，お金などが国境をこえて移動すること。
（情報化）	情報が果たす役割が社会において大きくなったこと。
（少子高齢化）	合計特殊出生率が低下し，高齢者の割合が増えること。

私たちの生活と文化

文化	（科学）	技術を発展させ，人々の暮らしをよりよくさせてきたもの。
	（宗教）	人をこえた存在を信じてなやみを解こうとするもの。
	（芸術）	人生にうるおいをあたえ，豊かにするもの。

現代社会の見方・考え方

↑効率と公正

決定の仕方	長所	短所
全員で話し合って決定	みんなの意見が反映される	決定に時間がかかることがある
複数の代表者で話し合って決定	みんなの意見がある程度反映される。全員で決めるよりは早く決定できる	一人で決めるよりも決定に時間がかかる。みんなの意見がうまく反映されないこともある
一人で決定	決定するのが早い	みんなの意見が反映されない

採決の仕方	長所	短所
（全会一致）	みんなが納得する	決定に時間がかかることがある
（多数決）	一定時間内で決定できる	少数意見が反映されにくい
（少数意見の尊重）も重要		

↑物事の決定・採決の仕方

2

図解でチェック

人権の歴史

イギリス　マグナ=カルタ → 権利の章典

ロック「統治二論」

アメリカ　アメリカ独立宣言

フランス　フランス人権宣言

モンテスキュー「法の精神」
ルソー「社会契約論」

ドイツ　ワイマール憲法

世界　（世界人権）宣言　国際人権規約

人権思想の発達

王権の制限

自由・平等権の獲得

社会権の保障

人権の国際的保障

日本国憲法

大日本帝国憲法		日本国憲法
1889年2月11日発布	発布・公布	（1946年11月3日）公布
1890年11月29日	施行	（1947年5月3日）
君主が定める（欽定）憲法	形式	国民が定める（民定）憲法
（天皇）主権	主権	（国民）主権
統治権をもつ元首で神聖不可侵	天皇	日本国と日本国民統合の（象徴）

↑大日本帝国憲法と日本国憲法の比較

日本の政治

（国民）主権　（基本的人権）の尊重　（平和）主義

日本国憲法

↑日本国憲法の三つの基本原則

国会　国民　天皇

憲法改正原案 → 衆議院　総議員の（2/3）以上の賛成が必要／参議院　総議員の（2/3）以上の賛成が必要 → 憲法改正の発議 → 国民投票（有効投票の過半数の賛成） → 国民の承認 → 天皇が（国民）の名において公布

↑憲法改正の手続き

図解でチェック

基本的人権

（ 自由権 ）
（自由に生きる
ための権利）

（ 社会権 ）
（人間らしく生きる
ための権利）

（ 参政権 ）など
（人権保障を確実
にするための権利）

個人の尊重と法の下の平等（平等権）
（等しく生きるための権利）

平等権と自由権

平等権		法の下の平等，両性の本質的平等 →男女共同参画社会基本法など
自由権	精神の自由	思想・良心の自由，信教の自由など
	身体の自由	奴隷的拘束・苦役からの自由など
	経済活動の自由	居住・移転・職業選択の自由など

↑平等権と自由権

日本国憲法第14条

①すべて国民は，法の下に平等であつて，（人種），（信条），性別，社会的身分又は（門地）により，政治的，経済的又は社会的関係において，差別されない。

↑法の下の平等

年	主な法律
1997	（アイヌ）文化振興法
2013	障害者差別解消法
2016	部落差別解消推進法
	差別的言動解消推進（ヘイトスピーチ解消）法
2019	（アイヌ）施策推進（民族支援）法

↑差別をなくすための法律

4

図解でチェック

社会権（人間らしい生活を営む権利）

（生存権）	「（健康）で（文化的）な（最低限度）の生活を営む権利」 →（生活保護法）に基づき保障。
（教育を受ける）権利	義務教育は無償，（教育基本法）に規定
（勤労）の権利	勤労は権利であると同時に義務
（労働基本権） （労働三権）	団結権，団体交渉権，団体行動権

人権を保障するための権利

（参政権）（政治に参加する権利）	（請求権）
公務員の選定・罷免権 （選挙権）（投票する権利） （被選挙権）（立候補する権利） 最高裁判所裁判官の**国民審査権** 地方自治特別法の**住民投票権** 憲法改正の**国民投票権** 請願権（国や地方機関に要望する権利）	（裁判を受ける権利） 国家賠償請求権 刑事補償請求権

公共の福祉による人権制限の例

表現の自由	他人の名誉を傷つける行為の禁止 選挙運動の制限
集会・結社の自由	デモの規制
居住・移転の自由	感染症による入院措置
職業選択の自由	無資格者の営業禁止 企業の価格協定などの禁止
労働基本権	公務員のストライキ禁止
財産権の保障	不備な建築の禁止

図解でチェック

新しい人権 →憲法に直接の規定はないが，世の中の進歩にともなって主張
されるようになった権利。

（環境権）	日照権など良好な環境を求める権利 （環境アセスメント）（環境影響評価）の実施など
（自己決定権）	自分の生き方などについて自由に決定する権利 インフォームド・コンセント 臓器提供意思表示カード
（知る権利）	政治に関わる情報を手に入れることができる権利 国や地方では（情報公開制度）が設けられている
（プライバシーの権利）	個人の私生活に関する情報を公開されない権利 （個人情報保護制度）により個人情報を管理

国際的な人権保障 →国境をこえて活動する（NGO）（非政府組織）の活躍にも
注目が集まっている。

（世界人権宣言）	1948年採択，世界各国の人権保障の模範となっている
（国際人権規約）	1966年採択，条約として締約国に人権保障を義務づける

年	主な人権条約
1965	人種差別撤廃条約（1995年：日本批准）
1979	女子差別撤廃条約（1985年：日本批准）
1984	拷問等禁止条約（1999年：日本批准）
1989	児童（子ども）の権利条約（1994年：日本批准）
1989	死刑廃止条約（日本未批准）
2006	障害者権利条約（2014年：日本批准）

・（先住民族）の権利保障への努力…「先住民族の権利に関する国連宣言」採択（2007）
（イヌイット）・（アボリジニ）・（アイヌ）など

図解でチェック

政治参加と選挙

普通選挙	一定年齢以上の全ての国民に選挙権
平等選挙	一人一票
直接選挙	直接選出
秘密選挙	投票先を知られないよう無記名で投票

↑選挙の基本原則

↑年齢別投票率

↑主な選挙制度 ※衆議院は, 小選挙区比例代表並立制

↑政党と国民の関係

		選挙権	被選挙権
国	衆議院議員	(18)歳以上	(25)歳以上
	参議院議員		(30)歳以上
地方公共団体	市(区)町村長		(25)歳以上
	市(区)町村議会議員		(25)歳以上
	都道府県知事		(30)歳以上
	都道府県議会議員		(25)歳以上

↑選挙権と被選挙権

図解でチェック

衆議院と参議院

（衆議院）	項目	（参議院）
（465）人 小選挙区289人 比例代表176人	議員定数	（245）人 ※2022年の選挙で 248人になる予定。 選挙区147人 比例代表98人
4年	任期	6年（3年ごとに半数を改選）
18歳以上	選挙権	18歳以上
（25）歳以上	被選挙権	（30）歳以上
（あり）	解散	（なし）

法律ができるまで

議院内閣制の仕組み

図解でチェック

裁判所

*「判決」ではない「決定・命令」が不服な場合の訴え。

↑三審制の仕組み

↑裁判の手続き

三権分立の仕組み

内閣総理大臣の指名
内閣不信任の決議

(立法)権
国会

弾劾裁判所の設置

国会召集の決定
衆議院の解散の決定
国会に対する連帯責任

法律の違憲審査

選 挙

国民

世論
(よろん)

国民審査

最高裁判所長官の指名
その他の裁判官の任命

(行政)権
内閣

(司法)権
裁判所

命令, 規則, 処分の違憲・違法審査
行政裁判

図解でチェック

地方自治の仕組み

住民の直接請求権

請求内容	必要な署名数	請求先
条例の制定・改廃	有権者の（50分の1）以上	首長
監査		監査委員
議会の解散	有権者の（3分の1）以上※	（選挙管理委員会）
首長・議員の解職		
副知事・副市（区）町村長，各委員の解職	※有権者数が40万人以下の場合。	首長

住民の選挙権・被選挙権

	選挙権	被選挙権
市（区）町村長	18歳以上	（25）歳以上
都道府県知事	18歳以上	（30）歳以上
地方議会議員	18歳以上	（25）歳以上

地方公共団体の収入

その他6.7
国庫支出金 15.6％
地方税 45.1
地方交付税交付金など 22.0
地方債 10.6
（2018年度 当初計画）
（財務省資料）

図解でチェック

■生産と消費

■消費者の権利

安全を求める権利	知らされる権利
選択（せんたく）する権利	意見を反映させる権利

↑消費者の四つの権利

→日本では，消費者基本法（2004年）の制定へつながる

■消費者保護制度

（クーリング・オフ制度）	訪問販売（はんばい）などでは，8日以内であれば契約（けいやく）を解除することができる。
（製造物責任法（PL法））	欠陥（けっかん）商品による被害（ひがい）の企業（きぎょう）責任を定める。
（消費者契約法）	契約上のトラブルから消費者を守る。
（消費者基本法）	被害の救済だけでなく，消費者の権利を守る。

■流通の仕組み（野菜）

→近年は，費用削減（さくげん）のため，流通の合理化が進められている。

図解でチェック

主な企業の種類

私企業	個人企業	農家，個人商店など
	法人企業	株式会社など
公企業	地方公営企業	水道，ガス，バスなど
	独立行政法人	造幣局，国立印刷局など

労働者の権利

（労働基準）法	労働条件の最低基準を定めた法律
（労働組合）法	労働組合を結成することを認めた法律
（労働関係調整）法	労働者と使用者の対立を調整し，両者の関係を正常にするための法律

→労働条件の改善などが問題になっている。

株式会社の仕組み

雇用形態別労働者の割合の推移

	正社員	パート・アルバイト	派遣社員	契約社員ほか
1996年（4843万人）	78.4%	18.0		3.6
2006年（5092万人）	67.1	22.1	2.5	8.3
2016年（5372万人）	62.5	26.0	2.5	9.0

（「労働力調査」）

→アルバイト・パート，派遣労働者，契約労働者などの（非正規労働者）が増加

12

図解で チェック

需要曲線と供給曲線

価格の種類

（市場価格）	需要と供給の関係で決まる価格
（独占価格）	一つまたは少数の企業によって決められる価格
（公共料金）	国や地方公共団体の決定や認可によって決められる価格

日本銀行の役割

景気変動

為替相場

日本銀行の金融政策

13

図解でチェック

■ 主な税金

税金を負担する 個人 法人（企業など）			
（直接）税	所得税　法人税 相続税　贈与税		国税
	道府県民税 事業税　自動車税		道府県税
	市町村民税 固定資産税　事業所税		市町村税
（間接）税	消費税　酒税 たばこ税　揮発油税　関税	小売店など 税金を納める	
	地方消費税　道府県たばこ税 ゴルフ場利用税		
	市町村たばこ税　入湯税		

■ 景気を安定させるための政策

	不景気（不況）のとき	好景気（好況）のとき
日本銀行の**金融政策**（公開市場操作）	・国債などを銀行から買い，銀行の資金量を増やして銀行から企業への資金の貸し出しを増やそうとする。（買いオペレーション）	・国債などを銀行へ売り，銀行の資金量を減らして銀行から企業への資金の貸し出しを減らそうとする。（売りオペレーション）
政府の**財政政策**	・公共投資を増やして企業の仕事を増やす。 ・減税をして企業や家計の消費を増やそうとする。	・公共投資を減らして企業の仕事を減らす。 ・増税をして企業や家計の消費を減らそうとする。
	景気が回復する	景気がおさえられる

■ 日本の社会保障の四つの柱

（社会保険）	医療保険・介護保険・年金保険・雇用保険・労災保険
（公的扶助）	生活保護（生活扶助・住宅扶助・教育扶助・医療扶助など）
（社会福祉）	高齢者福祉・児童福祉・障がい者福祉など
（公衆衛生）	感染症対策・上下水道整備・廃棄物処理・公害対策など

※少子高齢化が，（社会保障制度）の存続を危うくしている。

図解でチェック

四大公害裁判

	（新潟水俣病）	（四日市ぜんそく）	（イタイイタイ病）	（水俣病）
被害地域	新潟県阿賀野川流域の住民	三重県四日市市の住民	富山県神通川流域の住民	熊本県・鹿児島県八代海沿岸の住民
原告	患者・家族	認定患者	患者	患者・家族
被告	昭和電工	石油化学コンビナート関連6社	三井金属鉱業	チッソ
提訴	1967年6月	1967年9月	1968年3月	1969年6月
原因	水質汚濁	大気汚染	水質汚濁	水質汚濁
判決	1971年9月患者側全面勝訴	1972年7月患者側全面勝訴	1972年8月患者側全面勝訴	1973年3月患者側全面勝訴

循環型社会の仕組み

（環境省資料）

環境問題への取り組み

年	主なことがら
1967	公害対策基本法
1972	●国連人間環境会議（ストックホルム）
1992	●地球サミット（リオデジャネイロ）
1993	環境基本法
1997	●地球温暖化防止（京都）会議
2015	●（パリ）協定

※●は世界のできごと

↑環境問題に関する年表

図解 で チェック

国家と領域

大気圏内（ 領空 ）

（ 領土 ）　（ 領海 ）

12海里
200海里

（ 公海 ）

（ 排他的
経済水域 ）

日本の領域と排他的経済水域

日本の北端
択捉島
北方領土

竹島

排他的
経済水域

尖閣諸島

日本の東端
南鳥島

日本の南端
沖ノ鳥島

日本の西端
与那国島

国際連合の主な仕組み

信託統治
理事会
（活動停止中）

経済社会
理事会

地域委員会など

●国連貿易開発会議
　UNCTAD
●国連児童基金
　UNICEF
●国連難民高等弁務官事務所
　UNHCR
●国連パレスチナ難民救済
　事業機関
　UNRWA
など

国際司法
裁判所

（ 総会 ）

事務局

安全
保障
理事会

平和維持活動など

主要委員会
国連人権理事会　UNHRC など

国際原子力機関　IAEA
世界貿易機関　WTO

専門機関

●国際労働機関
　ILO
●国連食糧農業機関
　FAO
●国連教育科学文化機関
　UNESCO
●世界保健機関
　WHO
●国際復興開発銀行
　（世界銀行）
　IBRD
など

主な地域主義の動き

(2021年現在)

（ヨーロッパ連合）（ＥＵ）	1993年発足，共通通貨（ユーロ）を一部の加盟国で導入
（東南アジア諸国連合） （ＡＳＥＡＮ）	1967年発足，東南アジア10か国が加盟
アジア太平洋経済協力 会議（ＡＰＥＣ）	1989年発足，アジア太平洋地域の21の国と地域が加盟

Step 2 予想問題 第1章 現代社会と私たち

1ページ
10分×3

【 持続可能な社会に向けて 】

❶ 次の問いに答えなさい。

☐ ❶ 持続可能な社会の実現のために必要なこととして正しくないものを，⑦～⑤から選びなさい。

⑦ 災害の記憶(きおく)を忘れないために，防災マップを作る。

⑦ プラスチックごみを減らすために，エコバッグを持ち歩く。

⑰ 世界の貧困(ひんこん)問題の現状を知るために，さまざまな情報を得る。

⑤ 今生きている私たちの幸せのために，資源をたくさん消費する。

（　　　　　）

☐ ❷ 持続可能な社会の実現には，私たち一人一人が社会の課題を解決するために
さまざまな取り組みを行う必要があります。この取り組みを何といいますか。

（　　　　　　　　　　　）

【 グローバル化する社会 】

❷ 次の問いに答えなさい。

☐ ❶ **資料Ⅰ**を見て，次のa～cにあてはまる語句を**ア，イ**からそれぞれ選びなさい。

> 最も他国に生産を頼っている商品はa（**ア**
> えび　**イ** そば）である。また，小麦や大豆
> などはb（**ア** 中国(ちゅうごく)　**イ** アメリカ）から多く
> 輸入している。総合的に見て日本の食料自
> 給率はc（**ア** 高い　**イ** 低い）といえる。

資料Ⅰ　天ぷらそばの材料の生産国

[2011年度]
（農林水産省資料）

a（　　　）　　b（　　　）　　c（　　　）

☐ ❷ グローバル化が進む中で，地域ごとの多様性をたがいに尊重し合い，
ともに生活していく社会を何といいますか。

（　　　　　　　　　　　）

☐ ❸ **資料Ⅱ**を見て，1980年，2017年のそれぞれの年に
日本で暮らす外国人の数が最も多い国を選びなさい。

1980年（　　　　　）

2017年（　　　　　）

資料Ⅱ　日本で暮らす外国人の数の推移

☐ ❹ 災害や環境(かんきょう)などの，一国では解決できない
国際問題を解決するために必要なことは何ですか。

（　　　　　　　　　　　）

💡 **ヒント** ❷❶ c日本は多くの食材を外国からの輸入にたよっています。

❌ **ミスに注意** ❶❶持続可能な社会の実現には，将来の世代のことも考える必要があります。

【 少子高齢化の社会 】

❸ 右の資料Ⅰ・Ⅱを見て，次の問いに答えなさい。

□ ❶ 資料Ⅰは，1960年と2015年の
日本の人口ピラミッドです。
2015年の人口ピラミッドは
アと**イ**のどちらですか。（　　）

資料Ⅰ　1960年と2015年の人口ピラミッド

（国立社会保障・人口問題研究所資料ほか）

□ ❷ ❶のように判断した理由を，
「0〜14歳」と「65歳以上」
という言葉を用いて，簡潔に
答えなさい。

□ ❸ 資料Ⅱ中の（　　）とタイトルの（　　）には
一人の女性が一生の間に生む子どもの平均人数を
示す語句が入ります。この語句を答えなさい。

資料Ⅱ　日本の（　　）と平均寿命の推移

（国立社会保障・人口問題研究所資料ほか）

□ ❹ 2017年の男性の平均寿命は，1950年と比較して
どのように変化しましたか。正しいものを，
㋐〜㋓から選びなさい。（　　）
㋐　約10年短くなった。　　㋑　約10年長くなった。
㋒　約20年短くなった。　　㋓　約20年長くなった。

【 情報化で変わる社会 】

❹ 次の問いに答えなさい。

□ ❶ インターネットの説明として正しくないものを，㋐〜㋓から選びなさい。（　　）
㋐　掲載されている情報はすべて正確なものである。
㋑　一度広がった情報は，取り消すことが難しい。
㋒　個人情報の流出は，犯罪につながるおそれがある。
㋓　雑誌のイラストなどを，勝手にのせてはいけない。

□ ❷ 情報をもとにした推論や判断などの人間の知能の働きを，コンピューターに持たせたものを
何といいますか。（　　）

□ ❸ 右の写真のように，電子的な情報によってカードやスマートフォン
などにお金としての機能をもたせたものを何といいますか。

- -

💡ヒント　❹❷近年，この機能を備えた対話型スピーカーや家電などが広がっています。
❌ミスに注意　❸❸その年に生まれた人口1,000人あたりの出生数のことを「出生率」といいます。

　　　　　　　　　　　　　　　　　　　　　　　　　　　　　　　[解答 ▶ p.1]

【 私たちの生活と文化の役割 】

❺ 次の文を読んで，問いに答えなさい。

文化とは，科学や芸術，国や民族によって異なる信仰をもつ（　　　）だけでなく，衣食住のような人々の生活のしかたやものの考え方などのすべてをさす。日本には，ₐ季節の行事やᵦ能や歌舞伎といった文化のほかに，アニメや漫画のような現代の文化があり，世界中で受け入れられている。

□ ❶ 文中の（　　）にあてはまる語句を漢字2字で答えなさい。

（　　　　　　　　）

□ ❷ 下線部 a について，次の問いに答えなさい。

① 右の写真は毎年3月に行われるひな祭りで飾るひな人形です。この祭りで行うこととして正しいものを，㋐〜㋓から選びなさい。　　（　　　　　）

↑伝統的なひな祭りとひな壇

㋐ 短冊などをささに飾る。　　㋑ シャカの誕生を祝う。

㋒ 女子の健やかな成長をいのる。　　㋓ 先祖を供養する。

② ひな祭りのように，毎年同じ時期に行われる行事を何といいますか。

（　　　　　　　　）

□ ❸ 下線部 a， b のように，長く受けつがれてきた文化を何といいますか。

（　　　　　　　　）

【 現代社会の見方・考え方 】

❻ 次の問いに答えなさい。

□ ❶ 次の文中の①，②にあてはまる語句をそれぞれ答えなさい。

社会生活では，対立が起こることがある。対立をくり返さないためには集団の中や集団どうしで（　①　）を作る必要がある。（　①　）は，私たちの権利を守っているので，私たちは（　①　）を守る（　②　）や義務がある。

①（　　　　　　）　　②（　　　　　　）

□ ❷ 次の表の（　　）にあてはまる言葉や文をそれぞれ答えなさい。

採決の仕方	長所	短所
全会一致（全員一致）	みんなが納得する。	②（　　　　　　）
①（　　　　）	一定時間内に決定できる。	少数意見が反映されにくい。

💡ヒント ❺❶人間に精神的な安定をもたらしてくれる役割をもっています。

❌ミスに注意 ❺❷②これとちがい，家族で行われる非日常的な行事を「冠婚葬祭」といいます。

Step 3 予想テスト　**第 1 章　現代社会と私たち**　⏱30分　/100点　目標 70点

❶ **次の文を読んで，問いに答えなさい。**　各 5 点

　近年日本では，グローバル化が進む中で，<u>a情報化</u>も進展している。グローバル化は社会を便利にする一方で，さまざまな課題を生じさせている。例えば，<u>b食料自給率の低下</u>は日本が他国に依存（いそん）していることの現れといえる。また，<u>c少子高齢化（こうれい）</u>が進む日本では，<u>d家族の形態</u>が多様化し，安心して暮らせる社会の形成が求められている。このような現在の社会がかかえる課題の解決には，<u>e「持続可能な社会」</u>という考え方が大切である。

□ ❶ 下線部 a について，情報社会で私たちに求められている，情報を正しく活用する力を何といいますか。

□ ❷ 下線部 b について，**資料 I** を見て，次の問いに答えなさい。
　　① 2016年度で最も自給率の高いものは何ですか。
　　② 1960年度は自給率が100%程度であったが，2016年度には40%程度になっているものは何ですか。 技

資料 I　日本の品目別自給率の推移

米　肉類　野菜　果実　小麦　魚介類（ぎょかいるい）
（「食料需給表」平成28年度ほか）

□ ❸ 下線部 c について，次の問いに答えなさい。
　　① 少子高齢化が進む社会の問題点として正しくないものを，⑦〜⊆から選びなさい。
　　　⑦ 山村部の村などで若い人が減り，生活環境（かんきょう）の維持（いじ）が難しくなる。
　　　④ 年金や医療（いりょう），介護（かいご）などの一人あたりの負担額が大きくなる。
　　　⑦ 出生数（しゅっしょう）が死亡数より低くなり，人口が減少する。
　　　⊆ 結婚年齢（けっこんねんれい）が上がり，労働と育児の両立がしやすくなる。
　　② **資料 II** を見て，このような国々で高齢者が増えている理由を，「医学」「平均寿命（じゅみょう）」という言葉を用いて簡潔に答えなさい。 思

資料 II　人口にしめる高齢者の割合の推移と将来の推計

日本　スウェーデン　ドイツ　アメリカ　中国　インド　韓国
（国立社会保障・人口問題研究所資料ほか）

□ ❹ 下線部 d について，**資料III** を見て，次の問いに答えなさい。
　　① A にあてはまる語句を答えなさい。
　　② 2015年において，世帯数にしめる割合が，1960年と比べて最も増えているものを答えなさい。 技

□ ❺ 下線部 e について，日本では2011年 3 月11日に起きた大規模な災害によって，持続可能な社会の実現のためには防災やエネルギー問題を考える必要があることが明確になりました。この災害の名前は何ですか。答えなさい。

資料III　家族類型別世帯数の推移

	A 世帯				非親族世帯 0.3
	夫婦のみ 7.3%	夫婦と子ども	ひとり親と子ども	その他の親族世帯	単独世帯
1960年(2223万世帯)	7.3	38.3	7.5	30.5	16.1
1990年(4067万世帯)	15.5	37.3	6.8	17.2	23.0 / 0.2
2015年(5333万世帯)	20.1	26.9	8.9	8.6	34.6 / 0.9

0　20　40　60　80　100%
＊1960年は統計の基準が異なる。
（「国勢調査報告」平成27年ほか）

❷ 文化について，次の問いに答えなさい。 各5点

☐ ❶ 長い歴史の中でつちかわれ，人々に受けつがれてきた文化を何といいますか。

☐ ❷ ❶に含まれる，次の年中行事の説明にあてはまるものを，㋐〜㋓からそれぞれ選びなさい。
① 男子の健（すこ）やかな成長をいのる。　　② 先祖を供養（くよう）する。
③ 大豆をまいたりして，季節の変わり目に邪気（じゃき）をはらう。
㋐ お盆（盂蘭盆会（うらぼんえ））　㋑ ひな祭り　㋒ 端午（たんご）の節句　㋓ 節分

☐ ❸ ❶の中には，存続の危機に瀕（ひん）しているものもありますが，それはなぜですか。思

☐ ❹ 日本人が用いる「もったいない」という言葉は，ノーベル平和賞を受賞した環境保護活動家
ワンガリ・マータイさんによって世界に紹介され，評価されました。
この言葉が表している日本人の価値観はどのようなものですか，簡潔に答えなさい。

☐ ❺ グローバル化が進む中で，異なる国や民族の文化を尊重する姿勢が求められています。
「多様性」とも訳される，このような考え方をカタカナで何といいますか。

❸ 現代社会の見方や考え方について，次の問いに答えなさい。 各5点

☐ ❶ 決まりを作る際の考えについて，文中の（　　）に共通してあてはまる語句を答えなさい。

> だれにどのような権利や義務，（　　　）があるかを明らかにする必要がある。
> 合意した決まりは，守らなければならない（　　　）が生じる。

☐ ❷ 次のA〜Cは，右の資料中のア・イどちらの観点の
考え方ですか。それぞれ記号で答えなさい。技
A 全員が参加しているかどうか。
B 立場が入れかわっても受け入れられるかどうか。
C 無駄（むだ）が出ないかどうか。

決まり
対　立　➡　合　意
解決策… ア 効率 と イ 公正
↑対立から合意へ

☐ ❸ 採決のとき，たいていの場合全会一致（いっち）（全員一致）でなく多数決をとる理由を
簡潔に説明しなさい。思

❶	❶		❷①		②	
	❸①	②				
	❹①		②		❺	
❷	❶		❷①	②	③	
	❸					
	❹				❺	
❸	❶		❷A	B	C	
	❸					

❶　／40点　❷　／35点　❸　／25点

Step 1 基本チェック 第2章 個人の尊重と日本国憲法①

10分

次の問題に答えよう！　間違った問題には□にチェックをいれて，テスト前にもう一度復習！

❶ 政治と日本国憲法

解答欄

□ ❶ 人々の対立を調整し，社会を成り立たせるはたらきを何というか。　❶

□ ❷ 多くの国で行われている，みんなで議論し決定するという考え方に
基づいた政治を何というか。　❷

□ ❸ 政治権力は法に従わなければならないとする原則を
何というか。▶ 図1　❸

□ ❹ 1889年に発布された主権者を［天皇］とする憲法を何というか。　❹

□ ❺ 国の政治のあり方を定めた憲法に基づいて政治を行い，
権力の濫用を防ごうという考え方を何というか。▶ 図2　❺

□ ❻ ［日本国憲法］に基づいて［天皇］が行う行為を何というか。　❻

□ ❼ ［核兵器］を「持たず，作らず，持ちこませず」とする
考え方を何というか。　❼

□ ❽ ［個人の尊重］と関わりの深い憲法14条の考え方を何というか。　❽

❷ 人権と日本国憲法①

□ ❾ アイヌ民族を先住民として法的に位置づけるために2019年に
制定された法律を何というか。　❾

□ ❿ 雇用における女性差別を禁止するため1985年に制定された
法律を何というか。　❿

□ ⓫ 1999年に制定された，男性と女性が対等に活躍できる
社会を創るための法律を何というか。　⓫

□ ⓬ 障がいの有無や言語のちがい，年齢などにかかわらず，あらゆる人が
使いやすいよう工夫された製品のデザインを何というか。　⓬

図1　人の支配と［法の支配］

図2　［立憲主義］の憲法

人々の長い間の努力によって生まれた憲法は，私たちの生活に深く関わっていて，さまざまな権利を保障しているんだね。

［解答 ▶ p.3］

Step 2 予想問題 : 第 2 章 個人の尊重と日本国憲法①

1ページ
10分×3

【 政治と民主主義 】

❶ 次の問いに答えなさい。

□ ❶ 図 I で演説を行っている人物は誰ですか。 (　　　　　　)

□ ❷ 次の文は，図 I のときに行われた演説の一部です。
ここで表現されているような政治を何というか，
漢字 4 字で答えなさい。 (　　　　　　)

図 I

> 「人民の人民による人民のための政治」
> (government of the people, by the people, for the people)

□ ❸ 日本では国民が選挙で選んだ代表者が政治を行う議会制民主主義を採用しています。
議会制民主主義では，話し合っても意見が一致しないとき，多くの場合は
多数の意見を採用しますが，この原理を何といいますか。 (　　　　　　)

□ ❹ ❸の原理で物事を決める際に重要なことは何ですか。 (　　　　　　)

【 人権の歴史と憲法 】

❷ 次の I ～Ⅳの資料について，問いに答えなさい。

> **資料 I**
> この憲法が国民に保障する（ ① ）は，侵すこと
> のできない（ ② ）の権利として，現在及び将来
> の国民に与へられる。

> **資料Ⅱ**
> 日本臣民ハ（ ③ ）ノ範囲内ニ於テ言論著作印行
> 集会及結社ノ自由ヲ有ス

> **資料Ⅲ**
> すべての人間は，生れながらにして（ ④ ）であ
> り，かつ，尊厳と（ ⑤ ）とについて平等である。

> **資料Ⅳ**
> 経済生活の秩序は，全ての人に人間に値する生存を
> 保障することを目指す，正義の諸原則にかなうもの
> でなければならない。

□ ❶ **資料**中の（　　　）にあてはまる語句をそれぞれ答えなさい。

①(　　　　) ②(　　　　) ③(　　　　)

④(　　　　) ⑤(　　　　)

□ ❷ 世界で初めて社会権を認めた資料を，I ～Ⅳから選びなさい。 (　　　　)

□ ❸ 国際連合で採択された資料を，I ～Ⅳから選びなさい。 (　　　　)

□ ❹ **資料 I ～Ⅳ**を，年代の古いものから順に並べなさい。 (　　→　　→　　→　　)

💡 ヒント ❶❶南北戦争のときのアメリカ大統領です。

❌ ミスに注意 ❷❷社会権とは，人間らしい生活を送るための権利のことです。

【 日本国憲法の基本原則／日本国憲法と国民主権 】

❸ 日本国憲法について，次の問いに答えなさい。

☐ ❶ 日本国憲法が施行された年月日を，西暦で答えなさい。（　　　　　年　　　月　　　日）

☐ ❷ 日本国憲法の三つの基本原則をすべて答えなさい。
（　　　　　　　　　）（　　　　　　　　　）（　　　　　　　　　）

☐ ❸ 次の日本国憲法第1条を読んで，問いに答えなさい。

> 第1条　天皇は，日本国の（　　　）であり日本国民統合の（　　　）であつて，
> この地位は，主権の存する日本国民の総意に基く。

　① 条文中の（　　）に共通してあてはまる語句を答えなさい。
（　　　　　　　　　）

　② 条文中の下線部の天皇が行う，憲法に定められた政治的ではない行為を何といいますか。
（　　　　　　　　　）

☐ ❹ 日本国憲法の改正手続きは，法律より厳しく
定められています。その理由を，右の図を
参考にして簡潔に答えなさい。
（　　　　　　　　　　　　　　）

↑法の構成

【 平和主義の意義と日本の役割 】

❹ 次の問いに答えなさい。

☐ ❶ 武力行使を放棄することや，戦力を持たないことを定めた日本国憲法の条文は第何条ですか。
数字で答えなさい。　　　　　　　　　　　　　　　第（　　　　）条

☐ ❷ 日本が国を防衛するために持っている組織を何といいますか。
（　　　　　　　　　）

☐ ❸ 日本が防衛のために1951年にアメリカと結んだ条約を何といいますか。
（　　　　　　　　　）

☐ ❹ 右の地図は，沖縄県の地図です。
主に赤く塗られた地域に分布している
施設は何ですか。
（　　　　　　　　　）

[2019年3月現在]

☐ ❺ 日本がかかげた「非核三原則」の内容について，
（　　）にあてはまる語句をそれぞれ答えなさい。

核兵器を（　　　　　　　　），（　　　　　　　　），（　　　　　　　　）

▮ヒント ❸❸②国会の召集や憲法改正の公布などがこれにあたります。

✕▮ミスに注意 ❸❶日本国憲法は，公布の半年後に施行されました。

【 基本的人権と個人の尊重／平等権 】

❺ 次の問いに答えなさい。

□ ❶ 平等権を定めた，次の日本国憲法第14条の条文の（　　）にあてはまる
語句をそれぞれ答えなさい。

> 第14条① すべて国民は，（　**A**　）に平等であつて，人種，信条，性別，
> 社会的身分又は（　**B**　）により，政治的，経済的又は社会的関係において，
> 差別されない。

A（　　　　　　　　　　　　　）　B（　　　　　　　　　）

□ ❷ 人権は，子どもにも認められています。1989年に国際連合で採択され，日本が1994年に
批准した，子どもの人権に関する条約の名前を答えなさい。

（　　　　　　　　　　　　　）

□ ❸ 2016年に制定された，現在も続く部落差別解消への取り組みを強化した法律は何ですか。

（　　　　　　　　　　　　　）

□ ❹ 1999年に制定された，男性と女性がたがいに尊重し合い，対等な立場で活躍できる
社会をつくることを目的とした法律を何といいますか。

（　　　　　　　　　　　　　）

□ ❺ 2019年に制定された法律で先住民族として法的に位置付けられた，
主に北海道を中心に生活してきた民族を何といいますか。　　（　　　　　　　　　）

□ ❻ **資料Ⅰ，Ⅱ**を見て，次の問いに答えなさい。

① **資料Ⅰ**を見て，日本における女性の国会議員の割合は
世界的に見てどのような状況にあるか，簡潔に答えなさい。

（　　　　　　　　　　　　　）

② 日本が①のような状況にある原因を，**資料Ⅱ**をもとに考え，
正しいものを㋐〜㋔から選びなさい。　　（　　　）

㋐ 日本の女性は，子どもを産む数が多いため，社会進出が
難しい。

㋑ 日本では，女性が主に家事を行い男性は外で働くという，
性別による役割分担意識が強く残っている。

㋒ 日本の女性の家事の負担は男性より軽く，
政治への関心も非常に高い。

㋓ 日本では，1996年以降女性の育児時間は減り続けて
いるが，女性自身が社会進出を望んでいない。

資料Ⅰ 各国の女性国会議員の割合

※各国の下院（日本は衆議院）で，
193か国中の順位。(2018年)

資料Ⅱ 子どもをもつ夫婦の
家事と育児時間

（「社会生活基本調査」2016年）

💡ヒント ❺❶ B 「家柄」を意味する言葉が入ります。

⊗ミスに注意 ❺❸ これまで，生活環境は改善されてきましたが，社会での差別は今も残っています。

Step 3 予想テスト　第2章 個人の尊重と日本国憲法① 30分　／100点　目標 70点

❶ 次の文章を読んで，問いに答えなさい。 ❷② 10点，他各5点

政治とは，人と人との争いを調整して社会を成り立たせることをいう。その方法として a限られた人がすべての物事を決定する場合もあるが，自分勝手な政治になる可能性があるため，現在は b みんなで話し合いをして，決まりなどを作っていくことが多くなっている。

☐ ❶ 下線部 a について，右の資料は17世紀のある国で一部の人が政治を行っている様子を示しています。この国はどこですか。㋐～㋔から選びなさい。
　　㋐ イギリス　　㋑ アメリカ　　㋒ フランス　　㋓ 日本

☐ ❷ 下線部 b について，次の問いに答えなさい。
　　① このような方法で行われる政治のことを何といいますか。
　　② ①のような政治を行うために欠かせない，右に示した日本国憲法第13条で定められている考え方を何といいますか。

> すべて国民は，個人として尊重される。生命，自由及び幸福追求に対する国民の権利については，公共の福祉に反しない限り，立法その他の国政の上で，最大の尊重を必要とする。

❷ 次の問いに答えなさい。 各5点

☐ ❶ 天皇が国事行為を行うときに助言と承認をあたえ，その責任を負う組織を何といいますか。また，国事行為として正しいものを，㋐～㋔から選びなさい。
　　㋐ 内閣総理大臣を指名する。　　　㋑ 国会を召集する。
　　㋒ 最高裁判所裁判官を審査する。　㋓ 国務大臣を任命する。

☐ ❷ 日本国憲法の三つの原則のうち平和主義について，次の問いに答えなさい。
　　① 平和主義と日本の防衛に関する説明として正しくないものを，㋐～㋔から選びなさい。
　　　㋐ 日本政府は，自衛隊については憲法で定められた戦力にはあたらないとしている。
　　　㋑ 日本政府は，平和主義に基づき，自衛隊を海外に派遣したことはない。
　　　㋒ 日本政府は，世界でただ一つの被爆国として非核三原則を国会で決議した。
　　　㋓ 日本政府は，アメリカと日米安全保障条約を結び，アメリカ軍の駐留を認めた。
　　② 2015年に行われた法改正で政府が限定的に使えるとした，日本と同盟関係にある国が攻撃された場合，日本が攻撃を受けていなくても，その国を守る活動に参加できるという権利を何といいますか。

☐ ❸ 右の図は，憲法改正の手続きを示したものです。図中の ① ② にあてはまる語句を答えなさい。技

❸ 右の図を見て，次の問いに答えなさい。 各5点

- ☐ **❶** 図において，権力者がきびしい政治を国民に強いたとき，それに反対することができるという「抵抗権」を主張したイギリスの思想家は誰ですか。

- ☐ **❷** 図中の A のような原理を，人の支配に対して何の支配といいますか。

❹ 平等権について，次の問いに答えなさい。 ❷①，❺10点，他各5点

- ☐ **❶** 1948年に国際連合で採択された，右の資料を何といいますか。
  ⑦～⑤から選びなさい。 技

  ⑦ 世界人権宣言　　　　⑦ 児童（子ども）の権利条約

  ⑦ 部落差別解消推進法　⑤ 国際平和協力法(PKO協力法)

  > 第1条　すべての人間は，生れながらにして自由であり，かつ，尊厳と権利とについて平等である。

- ☐ **❷** 日本国憲法で平等権について定めた条文を読んで，次の問いに答えなさい。

  > すべて国民は，法の下に平等であつて，人種，信条，（　　　），社会的身分又は門地により，政治的，経済的又は社会的関係において，差別されない。

  ① （　　　）にあてはまる語句を答えなさい。

  ② 下線部の人種について，2019年に制定された，
  アイヌ民族を先住民族として法的に位置付けた法律を何といいますか。

- ☐ **❸** 障がいのある人も利用しやすいように建物の段差をなくすなど，社会的な障壁を
  取り除こうという考え方を何といいますか。

- ☐ **❹** 雇用における女性差別を禁止するために，1985年に制定された法律を何といいますか。

- ☐ **❺** 差別のない社会を目指す上でのさまざまな課題に関する説明として正しいものを，
  ⑦～⑤から選びなさい。

  ⑦ 明治時代に制定された「解放令」によって，部落差別は完全に解消された。

  ⑦ 1991年に制定された育児・介護休業法は，現在女性のみに適用されている。

  ⑤ 同性の人同士でも結婚に相当する関係を認める自治体が増加している。

  ⑤ 在日外国人は朝鮮や中国の人々が多く，他の地域から来る人は非常に少ない。

❶	❶	❷①		②	
❷	❶ 組織：		記号：	❷①	②
	❸①		②		
❸	❶		❷		
❹	❶	❷①		②	
	❸		❹		❺

❶ ／20点　**❷** ／30点　**❸** ／10点　**❹** ／40点

Step 1 基本チェック 第2章 個人の尊重と日本国憲法② 10分

次の問題に答えよう！　間違った問題には□にチェックをいれて，テスト前にもう一度復習！

❶ 人権と日本国憲法②

解答欄

□ ❶ ［自由権］のうち，表現の自由や信教の自由などを何というか。 ❶

□ ❷ ［財産権］の保障や居住・移転の自由などを何というか。 ❷

□ ❸ 人間らしく豊かに生きる権利を何というか。 ❸

□ ❹ 健康で文化的な最低限度の生活を営む権利を何というか。 ❹

□ ❺ 全ての子どもが学校での学習を保障されている権利を何というか。 ❺

□ ❻ 使用者に対して弱い立場にある労働者のための権利を何というか。 ❻

□ ❼ 国民が政治に参加する権利を何というか。 ❼

□ ❽ ❼のうち，選挙に立候補する権利を何というか。 ❽

□ ❾ ［請求権］のうち，裁判所に対し裁判を求める権利を何というか。 ❾

□ ❿ 憲法において，社会全体の利益を意味する言葉を何というか。 ❿

□ ⓫ ［普通教育を受けさせる義務］，［勤労の義務］とともに，
国民の三大義務の一つとされているものは何か。 ⓫

❷ これからの人権保障

□ ⓬ 日照権など，住みやすい環境を求める権利を何というか。 ⓬

□ ⓭ 生き方などを個人が自由に決定する権利を何というか。▶ 図1 ⓭

□ ⓮ 国民が，国や地方が持つ情報を手に入れる権利を何というか。 ⓮

□ ⓯ 私生活に関する情報を，勝手に公開されない権利を何というか。 ⓯

□ ⓰ 国や民間事業者に個人情報の管理を義務付ける制度を何というか。 ⓰

□ ⓱ ［国際連合］が採択した，人権の保障を義務付ける条約を
何というか。▶ 図2 ⓱

臓器提供意思表示カード
厚生労働省（公社）日本臓器移植ネットワーク

ドナー情報用全国共通連絡先 0120-22-0149
臓器移植に関するお問い合わせ先（公社）日本臓器移植ネットワーク
フリーダイヤル 0120-78-1069 http://www.jotnw.or.jp

図1　［臓器提供］意思表示カード

条約名	日本の批准・加入年
人種差別撤廃条約	1995年
国際人権規約	1979年
女子差別撤廃条約	1985年
拷問等禁止条約	1999年
死刑廃止条約	未批准
障害者権利条約	2014年

図2　人権に関する主な条約

憲法が保障してくれる権利はたくさんある。平等権，自由権，社会権，新しい人権…どれがどの権利かを確認しておこう。

［解答 ▶ p.5］

Step 2 予想問題 ： **第 2 章 個人の尊重と日本国憲法②**

1ページ
10分×3

第2章

【 自由権　自由に生きる権利／社会権　人間らしい生活を営む権利 】

❶ 次の図を見て，問いに答えなさい。

☐ ❶ 下線部 a の自由権に関連して，次のうち，
経済活動の自由にあたるものはどれですか。
㋐～㋘から二つ選びなさい。

（　　　　　）（　　　　　）

a <u>自由権</u>	b <u>社会権</u>	参政権 など
c <u>平等権</u>		

㋐ 考えたことを発表できる。

㋑ 住むところを選べる。　㋒ 本や新聞が検閲（けんえつ）されない。

㋓ 手続きなしには逮捕（たいほ）されない。　㋔ お金や貴金属などの財産を持てる。

☐ ❷ 下線部 b の社会権に関連して，次の問いに答えなさい。

① 社会権のうち，生存権を規定したものとして憲法第25条があります。
条文中の（　　　）にあてはまる語句をそれぞれ答えなさい。

A（　　　　　　　　　　）　B（　　　　　　　　　　）

第25条① すべて国民は，（　A　）で文化的な（　B　）の生活を営む権利を有する。

② 憲法第25条に基づき，生活に必要な費用を
申請（しんせい）できる，右の手続きの（　　　）に
共通してあてはまる語句を答えなさい。

（　　　　　　　　　）

③ 社会権の一つである教育を受ける権利に関する基本方針が定められた法律は何ですか。

（　　　　　　　　　　）

④ 社会権の一つである労働基本権に関連して，労働三権のうち団体交渉権（こうしょう）について
述べた文を，㋐～㋒から選びなさい。

（　　　　　　　　）

㋐ 要求の実現を求めて，ストライキなどを行う権利。

㋑ 労働組合が賃金などの労働条件の改善を目指して，雇（やと）い主と話し合いをする権利。

㋒ 労働者が団結して行動するための組織である労働組合を作る権利。

☐ ❸ 下線部 c の平等権に関連して，人権は，子どもにも平等に認められています。
1989年に国際連合で採択（さいたく）され，日本が1994年に批准（ひじゅん）した，子どもの人権に関する
条約の名前を答えなさい。

（　　　　　　　　　　）

💡 ヒント ❶❶居住・移転・職業選択（せんたく）の自由や財産権の保障がこれにあたります。

❌ ミスに注意 ❶❷④労働三権には団体交渉権のほかに，団結権と団体行動権があります。

【 人権を保障するための権利 】

❷ 次の問いに答えなさい。

☐ ❶ 参政権の一つに，選挙権・被選挙権があります。この権利について述べた文として
正しいものを，⑦〜⑤から選びなさい。　　　　　　　　　　　　　（　　　　　　）

　　⑦ 国会議員の選挙権は満25歳以上の国民にあたえられる。

　　⑦ 地方議会議員の選挙権は満30歳以上の国民にあたえられる。

　　⑦ 国会議員の選挙には，外国に住んでいても投票できる。

　　⑤ 地方議会議員の選挙は外国人にも選挙権があたえられる。

☐ ❷ 請求権について，次の問いに答えなさい。

　　① 請求権の基本的権利として，憲法では（　　　　）を受ける権利を定めています。

　　　（　　　　）にあてはまる語句を漢字 2 字で答えなさい。

　　　　　　　　　　　　　　　　　　　　　　　　　　　　　　（　　　　　　）

　　② 請求権の一つに，刑事補償請求権があります。これはどのような権利ですか。

　　　⑦〜⑦から選びなさい。　　　　　　　　　　　　　　　　　（　　　　　　）

　　　⑦ 公務員による損害に対して賠償を求める権利。

　　　⑦ 無罪の判決を受けた人が補償を求める権利。

　　　⑦ 警察官が最低給与の保障を求める権利。

【「公共の福祉」と国民の義務 】

❸ 次の問いに答えなさい。

☐ ❶ 次の日本国憲法第12条を読んで，問いに答えなさい。

> 第12条　この憲法が国民に保障する自由及び権利は，国民の（　A　）によつて，
> これを保持しなければならない。又，国民は，これを濫用してはならないのであつて，
> 常に（　B　）のためにこれを利用する責任を負ふ。

　　① 条文中の（　　　　）にあてはまる語句をそれぞれ答えなさい。

　　　　　　　　　　　　　　　　　A（　　　　　　　　）　B（　　　　　　

　　② この条文に基づいて，人権の制限が許される場合があります。表現の自由は

　　　その一例ですが，この自由はどのような時に制限されることがあるでしょうか。

　　　「他者」という言葉を用いて簡潔に答えなさい。

　　　（　　　　　　　　　　　　　　　　　　　　　　　　　　　　　　）

☐ ❷ 日本国民の三大義務のうち，子どもの教育を受ける権利を保障するため，保護者に

　　課されている義務は何ですか。

　　　　　　　　　　　　　　　　　　　　　　　　　　　　　　（　　　　　　　　）

· ·

💡 ヒント　❸❶②他人の人権を侵害する場合，人権は制限されます。

✖ ミスに注意　❷❶選挙権は投票ができる権利，被選挙権は選挙に立候補ができる権利です。

　　　　　　　　　　　　　　　　　　　　　　　　　　　　　　　[解答 ▶ p.5]

【 新しい人権①産業や科学技術の発展と人権／新しい人権②情報化の進展と人権 】

❹ 次の問いに答えなさい。

図 I

□ ❶ 図 I について，次の問いに答えなさい。

① この仕組みは，新しい人権のうち，何という人権に基づいて作られましたか。 （　　　　　　　　）

② この仕組みを作ることを定めている法律を，㋐〜㋑から選びなさい。
　　㋐ 労働基準法　　㋑ 環境基本法
　　㋒ 情報公開法　　㋓ 独占禁止法

□ ❷ 図 II のカードが尊重していると考えられる新しい人権は何ですか。㋐〜㋑から選びなさい。 （　　　　　　　　）
　　㋐ 自己決定権　　㋑ プライバシーの権利
　　㋒ 環境権　　　　㋓ 肖像権

□ ❸ 胎児の遺伝子情報を出産前に知ることにおいて心配されることは何ですか。
「選別」という言葉を用いて簡潔に答えなさい。

（　　　　　　　　　　　　　　　　　　　　　　　　　　　　　　　　）

図 II

【 国際的な人権保障 】

❺ 次の問いに答えなさい。

□ ❶ 資料 I・II について，次の問いに答えなさい。

① 国際社会における人権を保障するために，資料 I・II を採択した機関は何ですか。漢字 4 字で答えなさい。 （　　　　　　　　）

② 資料中 A・B にあてはまる語句をそれぞれ答えなさい。
　　A（　　　　　　　　）　B（　　　　　　　　）

③ 資料 II についての説明として正しいものを，㋐〜㋑から選びなさい。 （　　　　　　　　）
　　㋐ 批准した国に人権保障を義務付けている。
　　㋑ 条約としての効力はない。
　　㋒ 人権保障の模範となっている。　　㋓ 日本は批准していない。

□ ❷ 国際的な人権保障のために国と関係なく活動する民間組織も活躍しています。
この組織を何といいますか。アルファベット 3 字で答えなさい。 （　　　　　　　　）

資料 I

（　　A　　宣言）
第 1 条　すべての人間は，生まれながらにして自由であり，かつ，尊厳と権利とについて平等である。

資料 II

（　　B　　規約）
第 2 条　…すべての個人に対し，人種，皮膚の色，性，言語，宗教…によるいかなる差別もなしにこの規約において認められる権利を尊重し及び確保することを約束する。

💡 ヒント ❹❷ 臓器提供意思表示カードは，自分の死後の臓器提供の意思を示すカードです。

❌ ミスに注意 ❺❷ 日本語では，非政府組織と呼ばれます。

Step 3 予想テスト ● ● ● **第2章 個人の尊重と日本国憲法②** 30分 ／100点 目標 70点

❶ 次の文を読んで，問いに答えなさい。 各6点

日本国憲法では，ₐ社会権として，ᵦ生存権，ᵧ教育を受ける権利，д勤労の権利，ₑ労働基本権を保障している。また，人権保障をより確かなものにするために，f参政権やg請求権(せいきゅう)も保障している。

□ ❶ 下線部 a が初めて保障された憲法は何ですか。㋐〜㋑から選びなさい。
　　㋐ 大日本帝国憲法(ていこく)　　㋑ 日本国憲法
　　㋒ マグナ・カルタ　　㋓ ワイマール憲法

□ ❷ 下線部 b について，生存権を保障するために
国から生活に必要な費用が支給される制度に関する
右のグラフの説明として正しいものを，
㋐〜㋒から選びなさい。技
　　㋐ 1960年度から2015年度まで支給額は
　　　増加し続けている。
　　㋑ 支給額は2000年度から15年でおよそ
　　　1兆7000億円増加している。
　　㋒ 支給額が1兆円を超えたのは1970年度である。

（国立社会保障・人口問題研究所資料）
総額3兆7127億円（2015年度）
↑国から生活に必要な費用を支給した額の推移

□ ❸ 下線部 c について，次の日本国憲法第26条は，教育に関する国民の義務と，無償(むしょう)となる教育について定めています。条文中の（　　　）にあてはまる文・語句をそれぞれ答えなさい。

第26条② すべて国民は，法律の定めるところにより，その保護する子女
に（　A　）を負ふ(う)。（　B　）は，これを無償(むしょう)とする。

□ ❹ 下線部 d について，勤労は，権利であり義務でもあります。日本国憲法で定められた
国民の義務は，❸の A と「勤労の義務」の他に，もう一つは何ですか。

□ ❺ 下線部 e のうち，ストライキなどを行う権利を何といいますか。

□ ❻ 下線部 f について，次の問いに答えなさい。
　　① 参政権にあてはまらないものを㋐〜㋓から選びなさい。
　　　㋐ 最高裁判所裁判官の国民審査権(しんさ)　　㋑ 憲法改正の国民投票権
　　　㋒ 公務員の選定・罷免権(ひめん)　　㋓ 裁判を受ける権利
　　② 住民が，国や地方公共団体に対して政治に関するさまざまな希望を述べることのできる
　　　権利を何といいますか。

□ ❼ 下線部 g について，事件の犯人として訴えられた(うった)あと，無罪となった人や，一度有罪となって再審で無罪となった人が，国に補償(ほしょう)を求めることができる権利を何といいますか。

❷ 右の年表を見て，次の問いに答えなさい。 各6点

□ ❶ 人権の保障を義務付けている（　　　）に
あてはまる条約は何ですか。

□ ❷ 下線部の条約を受けて，日本で1985年に制定された
法律は何ですか。⑦～⑤から選びなさい。

　　⑦ 男女共同参画社会基本法　　⑦ 育児・介護休業法

　　⑦ 部落差別解消推進法　　⑤ 男女雇用機会均等法

□ ❸ 年表中の条約のうち，日本が批准していない条約を一つ選んで書きなさい。

条約名	採択
人種差別撤廃条約	1965年
（　　　）	1966年
女子差別撤廃条約	1979年
拷問等禁止条約	1984年
児童の権利条約	1989年
死刑廃止条約	1989年
障害者権利条約	2006年

第2章

❸ 次の文を読んで，問いに答えなさい。 ❶③10点，他各6点

　　近年，基本的人権は，a日本国憲法に規定されていないものも主張され，それらの権
利が認められるようになってきた。世界的には，b国際連合（国連）や各国が，人権
保障への努力を続けている。

□ ❶ 下線部 a について，次の問いに答えなさい。

　① 右の写真は，新しい人権のうちどのような権利に
配慮したものですか。⑦～⑤から選びなさい。

　　⑦ 知的財産権　　⑦ 環境権

　　⑦ 知る権利　　⑤ 肖像権

　② この権利の一つである自己決定権と最も関係のあるものを，⑦～⑤から選びなさい。

　　⑦ インフォームド・コンセント　　⑦ 環境アセスメント

　　⑦ セクシュアル・ハラスメント　　⑤ クローン技術

　③ この権利の一つであるプライバシーの権利は，情報化の進展によって侵害されやすく
なっています。インターネットによるプライバシーの侵害には
どのようなものがあるか，具体例を一つ書きなさい。

□ ❷ 下線部 b について，加盟国の人権保障の状況を調査したり，問題の改善を勧告したりする国
連の組織を何といいますか。

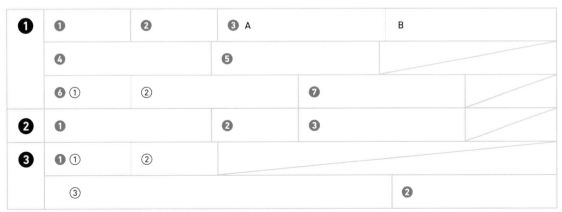

❶	❶	❷	❸ A		B	
	❹		❺			
	❻ ①	②		❼		
❷	❶		❷	❸		
❸	❶ ①	②				
	③				❷	

❶ 　／54点　❷ 　／18点　❸ 　／28点

Step 1 基本チェック ● 第 3 章 現代の民主政治と社会 ①

10分

次の問題に答えよう！　間違った問題には□にチェックをいれて，テスト前にもう一度復習！

❶ 現代の民主政治

解答欄

□ ❶ 三権分立や地方分権のように，権力の行き過ぎを防ぐため，権力をいくつかに分けてたがいに抑制（よくせい），均衡（きんこう）しあう仕組みを何というか。

❶

□ ❷ 人々が重要な決定の話し合いに直接参加する仕組みを何というか。

❷

□ ❸ 選挙で選ばれた代表者が議会を作り，物事を話し合って決めるという政治の方法を何というか。

❸

□ ❹ 物事を決める際，多数の意見を採用する考え方を何というか。

❹

□ ❺ ❹のとき，異なる意見にも十分配慮し生かすことを何というか。

❺

□ ❻ 私たちが政治を行う代表者を選ぶことを何というか。

❻

□ ❼ 選挙権は一定年齢（ねんれい）以上の全国民が持つという原則を何というか。

❼

□ ❽ 投票内容は他人に知られないという原則を何というか。

❽

□ ❾ 一つの選挙区から一人の代表を選ぶ選挙制度を何というか。

❾

□ ❿ 現在の日本の［衆議院議員］の総選挙の選挙制度を何というか。

❿

□ ⓫ 政策について，同じ意見を持つ人同士が集まって作る団体を何というか。▶ 図1

⓫

□ ⓬ 議会で［野党］と相対する，内閣を組織する政党を何というか。

⓬

□ ⓭ 複数の政党が内閣を組織し，政権を担（にな）うことを何というか。▶ 図2

⓭

□ ⓮ 選挙の際などに発表される，政権を担当したときに行う政策やその実施（じっし）方法を明記したものを何というか。

⓮

□ ⓯ 社会問題について多くの人々に共有されている意見を何というか。

⓯

□ ⓰ 選挙区ごとに当選に必要な得票数が異なることで，有権者が持つ一票の価値に差がでることを何というか。

⓰

図1　［政党］と国民の関係

図2　日本の［衆議院］の政党（会派）別議席数

権力者に好き勝手な政治をさせないために，選挙権を正しく使って，政治に積極的に参加することが大切だね。

［解答 ▶ p.7］

Step 2 予想問題 ・ **第 3 章 現代の民主政治と社会①**

【 民主主義の仕組み 】

❶ 次の問いに答えなさい。

□ **❶** 図 I は，権力が持つ二つの面を表しています。
これを見て，問いに答えなさい。

図 I

① Aのように，異なる意見の対立を調整したり，
争いを解決したりしてものごとを決めていく
はたらきを何といいますか。

(　　　　　　　　　　)

② 権力は，Bのように人々の自由や権利を
おびやかすという側面を持っているため，
現代では多くの国が権力分立の仕組みを
とっています。権力分立とはどのような
仕組みですか，簡潔に答えなさい。

(　　　　　　　　　　　　　　　　　　　　)

③ 権力分立の例を一つ答えなさい。(　　　　　　　　　　)

□ **❷** 多くの国で行われている，みんなで話し合って政治を行っていく方法を何といいますか。

(　　　　　　　　　　)

□ **❸** 図 II を見て，問いに答えなさい。

① 図 II のように，みんなが話し合いに参加して
物事を決める方法を何といいますか。

図 II

(　　　　　　　　　　)

② 地方自治において①の制度を採用している国を，
⑦〜⑤から選びなさい。　(　　　　　)

⑦ スイス　　⑦ アメリカ　　⑦ フランス
⑤ ドイツ

③ ①の方法は，民意を直接反映するという意味では有効ですが，複雑な物事を
決めるのには向いていません。それはなぜですか。「大人数」という言葉を用いて
簡潔に答えなさい。

(　　　　　　　　　　　　　　　　　　　　　　　　　)

・・

ヒント ❶❷個人の尊重に基づいて人権を保障するのに最もふさわしい方法です。

ミスに注意 ❶❸①選挙で選ばれた代表者が物事を決定する仕組みは間接民主制といいます。

【選挙の意義と仕組み】

❷ 次の問いに答えなさい。

□ ❶ 現在の日本で行われている選挙の4原則として正しくないものを，㋐〜㋑から選びなさい。

　㋐ 財産選挙　㋑ 平等選挙　㋒ 秘密選挙　㋑ 直接選挙　　　（　　　）

□ ❷ 小選挙区制を説明している文を，㋐〜㋒から選びなさい。　　（　　　）

　㋐ 一つの選挙区から二人以上の代表を選ぶ。

　㋑ 得票に応じて各政党へ議席を配分する。　㋒ 一つの選挙区から一人の代表を選ぶ。

□ ❸ 次の文を読み，問いに答えなさい。

> 衆議院議員選挙は，定数（　A　）の小選挙区と，全国を（　B　）のブロックに分けて行う定数（　C　）の比例代表制を組み合わせた選挙制度が採用されている。

① 文中の（　）にあてはまる数字として正しいものを，㋐〜㋑からそれぞれ選びなさい。

　　A（　　　）　B（　　　）　C（　　　）

　㋐ 146　㋑ 289　㋒ 96　㋑ 1　㋑ 11　㋑ 176

② 文のようにして行われている，衆議院議員選挙の選挙制度のことを何といいますか。

　　　　（　　　　　　　　　）

【政党の役割】

❸ 右の表を見て，次の問いに答えなさい。

□ ❶ 表にある政党は内閣を組織して政権を担当した政党です。このような政党を何といいますか。（　　　　）

□ ❷ 表の多くに見られるように，内閣が複数の政党で組織される政権を何といいますか。

□ ❸ 表の内容として正しいものを，㋐〜㋑から選びなさい。　　（　　　）

　㋐ 1993年以降は，単独で政権を組織した政党はない。

　㋑ 1991年以降，日本共産党が政権を担当したことは一度しかない。

　㋒ 1991年以降，自民党はずっと政権を担当している。

　㋑ 民主党が初めて政権を担当したのは，2009年である。

□ ❹ 選挙のときに政党が発表する，政権を担当した場合に行う具体的な政策やその実施方法などを明記したものを何といいますか。

　　　　（　　　　　　　　　）

↑1990年代以降の主な政権担当政党の移り変わり

ヒント ❷❶日本では1925年に出された普通選挙法により，この制限がなくなりました。

ミスに注意 ❸❶政権を担当しない政党を野党といいます。

【マスメディアと世論】

❹ 次の資料を見て，問いに答えなさい。

☐ ❶ 右の資料は，2017年の憲法記念日
に掲載された新聞の社説です。
この社説が世論(よろん)に与える影響
として考えられるものを
㋐〜㋓から選びなさい。

( )

㋐ 施行から70年たった憲法は
現代には合わないと考える
人が増える。

㋑ 平和主義に基づく現憲法の
改正には慎重であるべきだ
と考える人が増える。

> **憲法70年**
> **この歴史への自負を失うまい**
> 　1947年5月3日，『新しい憲法 明るい生活』と題する小冊子が発行された。
> …
> 　後の首相，芦田均による発刊の言葉が高らかだ。「古い日本は影をひそめて，新しい日本が誕生した」。本文は，新時代を生きる国民に「頭の切りかえ」を求めている。
> 　施行から70年。憲法は国民の間に定着したかに見える。それでは為政者の頭はしっかり切りかわったか。残念ながら，答えは否である。
> 　…政権の下で，憲法は今，深く傷つけられている。かつてない危機にあると言わざるをえない。
> 　集団的自衛権は9条を変えない限り行使できない——。この長年堅持されてきた憲法解釈を覆した決定に，「立憲主義の破壊」との批判がやまないのは当然だろう。…
> 　国民主権，人権尊重，平和主義という現憲法の基本原理が役割を果たしたからこそ，日本は平和と繁栄を達成できた。ともかくも自由な社会を築いてきた。その歴史に対する自負を失うべきではない。
> 　現憲法のどこに具体的で差し迫った不具合があるのか。改憲を語るなら，そこから地道に積み上げるのが本筋だ。…

↑憲法記念日の社説 (部分　2017年5月3日「…」は省略部分)

㋒ 集団的自衛権を行使するために，9条を変えるべきだと考える人が増える。

㋓ 新時代を生きるために憲法を変えて頭を切りかえるべきだと考える人が増える。

☐ ❷ マスメディアから出される情報をあらゆる角度から批判的に読み取る力を何といいますか。

( )

【選挙の課題と私たちの政治参加】

❺ 次の問いに答えなさい。

☐ ❶ 右のグラフの内容について，正しいものを，
㋐〜㋓から選びなさい。　( )

㋐ 18歳選挙権の開始で，投票率は激増した。

㋑ 衆議院選挙の投票率が最も高かったのは
1950年代である。

↑国政選挙の投票率

㋒ 参議院選挙の投票率が最も低かったのは1980年代である。

㋓ 1946年以降，衆議院選挙の投票率は常に参議院選挙を下回っている。

☐ ❷ 棄権を減らすために行われる，投票日より前に投票できる制度のことを何といいますか。

( )

☐ ❸ 一票の格差の問題について，最高裁判所はこの状態を日本国憲法の
何に反しているという判決を出しましたか。　( )

••

🔎 **ヒント** ❺❸一票の格差とは，議員一人あたりの人口が選挙区ごとにちがうことを指します。

❌ **ミスに注意** ❹❶マスメディアには世論を形成する力があります。

Step 3 予想テスト **第3章 現代の民主政治と社会①** 30分 ／100点 目標 70点

❶ 次の文を読んで，問いに答えなさい。 各5点

私たちが生きる社会では，それぞれが異なる考えを持っているため，対立することがある。この対立を調整し，合意を進めていくはたらきを（　　）という。現代では多くの国が<u>民主主義</u>に基づいて（　　）を行っているが，民主（　　）が行われていない国もある。

☐ **❶** 文中の（　　）に共通してあてはまる語句を答えなさい。

☐ **❷** 下線部について，次の問いに答えなさい。

① 民主主義とはどのような考え方ですか，簡潔に答えなさい。

② 民主主義を実現するために必要なこととして，正しくないものを㋐〜㋓から選びなさい。

　㋐ おたがいを個人として尊重すること。

　㋑ だれもが平等に話し合いに参加できること。

　㋒ 自分の意見を自由に発表できること。

　㋓ 権力を集中させること。

③ 民主主義の考え方に基づいて多くの国で行われている，代表者が集まった議会で話し合いをして決まりを作っていくという仕組みを何といいますか。

④ 民主主義においては，話し合いで合意が得られない場合，多数決の原理で結論を出すことがあります。その際，異なる意見も重視することを何といいますか。

❷ 日本の選挙について，次の問いに答えなさい。 各5点

☐ **❶** 右の資料で，①財産（納税額）による制限がなくなった年，②女性に参政権が認められた年はいつですか。法公布年をそれぞれ答えなさい。 技

☐ **❷** 現在の日本のような，一定年齢をこえた全ての国民が選挙権を持つ原則を何といいますか。

☐ **❸** 今の日本の選挙制度について述べた次の文の（　　）にあてはまる語句や数字を答えなさい。

↑選挙権の変遷と有権者数の推移

衆議院議員総選挙は，二つの選挙制度を組み合わせた（　①　）が採られている。
参議院議員の選挙は，定数を半分に分け，（　②　）年ごとに改選されている。

❸ 比例代表制における政党の得票数を示した次の表を見て，問いに答えなさい。 各5点

A 党	B 党	C 党	D 党
15000票	10000票	5000票	1500票

□ **①** このブロックにおける議員定数が「7」の場合，A 党と B 党の当選人数はそれぞれ何人になりますか。数字で答えなさい。技

□ **②** この選挙の結果，A 党と B 党が協力して内閣を組織することになりました。このようにして成立した政権を何といいますか。

□ **③** 選挙で発生する死票について述べた文として正しいものを，⑦～⊆から選びなさい。

⑦ 上の表での C 党の得票は死票となり，死票は特に小選挙区制で多く発生する。

④ 上の表での C 党の得票は死票となり，死票は特に大選挙区制で多く発生する。

⑨ 上の表での D 党の得票は死票となり，死票は特に小選挙区制で多く発生する。

⊆ 上の表での D 党の得票は死票となり，死票は特に大選挙区制で多く発生する。

❹ 右の二つの資料を見て，次の問いに答えなさい。 各5点

□ **①** 資料Ⅰ中で，投票率が最も低い年代を答えなさい。

□ **②** 高齢化の進む日本では，資料Ⅰのように投票者にしめる高齢者の割合が増えています。こうした状況が生む問題点を，「若者」という言葉を用いて簡潔に答えなさい。思

□ **③** 資料Ⅱ中で，一人の議員が当選するために①最もたくさんの得票が必要な選挙区，②最も得票が少なくてよい選挙区をそれぞれ答えなさい。技

□ **④** 資料Ⅱ中で，一票の価値が最も重い選挙区と最も軽い選挙区の格差は何倍ですか。

□ **⑤** 資料Ⅱで示されているような，選挙区や選挙の方法などを定めた法律を何といいますか。

資料Ⅰ　年齢別投票率 (総務省資料)

資料Ⅱ　衆議院議員選挙・小選挙区の議員一人あたりの有権者数 (総務省資料)

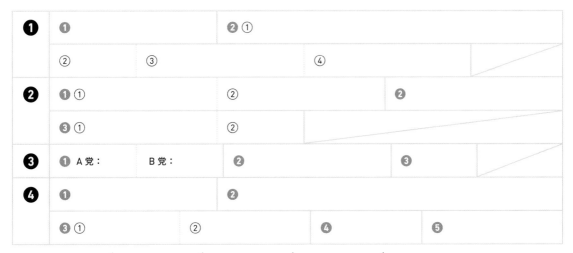

❶	①			② ①		
	②	③		④		
❷	① ①		②		②	
	③ ①		②			
❸	① A 党：	B 党：	②		③	
❹	①		②			
	③ ①		②	④	⑤	

❶ ╱25点　❷ ╱25点　❸ ╱20点　❹ ╱30点

第3章

Step 1 基本チェック　**第3章 現代の民主政治と社会②**　 10分

次の問題に答えよう！　間違った問題には□にチェックをいれて，テスト前にもう一度復習！

1 国の政治の仕組み

解答欄

□ ❶ ［衆議院］と［参議院］で構成される政治制度を何というか。　❶

□ ❷ 年に1回1月から150日間開かれる国会を何というか。　❷

□ ❸ 国会が国会議員の中から内閣の長を指名することを何というか。　❸

□ ❹ 国会が裁判官を辞めさせるかどうかを判断する場所を何というか。　❹

□ ❺ ［内閣総理大臣］が任命し，［内閣］を構成する大臣を何というか。　❺

□ ❻ 内閣が国会の信任に基づいて成立し，国会に対して連帯して
責任を負う制度を何というか。▶ 図1　❻

□ ❼ ［内閣不信任決議］が可決された際に，内閣が10日以内に
総辞職しない場合は何をしなければならないか。　❼

□ ❽ 国や地方において［全体の奉仕者］として働く職員を何というか。　❽

□ ❾ ［行政改革］の中で，許認可権の見直しなど自由な経済活動を
目指してルールを緩めることを何というか。　❾

□ ❿ 一つの事件で3回裁判を受けられることを何というか。▶ 図2　❿

□ ⓫ 裁判官が国会などの外部の力に影響されず，自らの良心に従い，
憲法および法律だけにしばられるという原則を何というか。　⓫

□ ⓬ お金の貸し借りなど，私人間の争いについての裁判を何というか。　⓬

□ ⓭ 被疑者を［被告人］として裁判所に起訴する存在を何というか。　⓭

□ ⓮ ［司法制度改革］の一環でつくられた，国民が裁判官と一緒に
被告人の有罪や無罪・刑の内容を決める制度を何というか。　⓮

□ ⓯ 国の権力を三分割し，独立した機関が担当する制度を何というか。　⓯

□ ⓰ 違憲審査の最終決定権を持つ［最高裁判所］は何と呼ばれるか。　⓰

図1　［国会］と［内閣］の関係

図2　［三審制］の仕組み

立法権を司る国会，行政権を司る内閣，司法権を司る裁判所がそれぞれどのように均衡を図っているか，役割とともにおさえよう！

※「判決」ではない「決定・命令」が不服な場合の訴え。

［解答 ▶ p.9］

Step 2 予想問題 **第3章 現代の民主政治と社会②**

1ページ
10分×3

【 国会の地位と仕組み 】

❶ 右の表を見て，次の問いに答えなさい。

(2020年現在)

	衆議院	参議院
議員定数	（ ① ）人	245人
任期	4 年	（ ② ）年
被選挙権	（ ③ ）歳以上	30歳以上

※参議院の定数は2022年の選挙で248人に増える予定です。

☐ ❶ 表中の（　）にあてはまる数字をそれぞれ答えなさい。

① （　　　　　　　　　）人

② （　　　　　　　　　）年

③ （　　　　　　　　　）歳以上

☐ ❷ 国会の地位については，憲法第41条に規定されています。この条文の
（　）にあてはまる語句をそれぞれ答えなさい。

A （　　　　　　　　　　） B （　　　　　　　　　　）

> 第41条　国会は，国権の（　A　）であつて，国の唯一の（　B　）である。

☐ ❸ 日本の国会が二院制（両院制）を採用している理由を簡潔に答えなさい。

（　　　　　　　　　　　　　　　　　　　　　　　　　　）

☐ ❹ 毎年1回，1月に召集される会期150日間の国会を何といいますか。

（　　　　　　　　　　）

【 国会の仕事／行政を監視する国会 】

❷ 次の問いに答えなさい。

☐ ❶ 国会の仕事ではないものを，⑦～⑨から二つ選びなさい。　（　　　）（　　　）

⑦ 条約を結ぶ　　④ 衆議院を解散する　　⑦ 弾劾裁判所を設置する

⑤ 内閣総理大臣を指名する　　⑦ 憲法改正を発議する

☐ ❷ 予算ができるまでの流れが正しくなるように，次の⑦～⑦を並べ替えなさい。

（　　　　→　　　　→　　　　）

⑦ 参議院本会議で採決する。　　④ 内閣が予算案を提出する。

⑦ 衆議院本会議で採決する。

☐ ❸ 法律案や予算を本会議の採決の前にくわしく審査する，分野別の国会議員によって
構成される組織を何といいますか。　（　　　　　　　　　　）

☐ ❹ 衆議院と参議院が持つ，政府から記録を提出させたり，証人喚問を行ったりして
国の政治を調査する権限を何といいますか。　（　　　　　　　　　　）

・・

💡 ヒント ❷❷予算は衆議院から先に審議することが決められています。

❌ ミスに注意 ❶❹国会にはこの他，臨時会や特別会，参議院の緊急集会があります。

【 内閣の仕組みと議院内閣制 】

❸ 次の問いに答えなさい。

☐ **❶** 内閣が担当する仕事として正しいものを，㋐～㋑から選びなさい。 （　　　）

　　㋐ 外国と結んだ条約を承認する。　　㋑ 予算の審議と議決を行う。

　　㋒ 最高裁判所長官の指名を行う。　　㋓ 法律が憲法に違反していないかを審査する。

☐ **❷** 国の主な行政機関について，保育所に関する仕事をする省を，㋐～㋑から選びなさい。

　　（　　　）

　　㋐ 厚生労働省　　㋑ 経済産業省　　㋒ 総務省　　㋓ 文部科学省

☐ **❸** 右の図を見て，次の問いに答えなさい。

　　① 図中の **A ～ D** にあてはまる語句をそれぞれ

　　　 答えなさい。

　　A（　　　　　　　　　）　 B（　　　　　　　　　）

　　C（　　　　　　　　　）　 D（　　　　　　　　　）

　　② 内閣総理大臣とアメリカ大統領の権限では，

　　　 アメリカ大統領の方が強いとされていますが，

　　　 それはなぜですか。図を参考に，「選挙」

　　　 という言葉を用いて簡潔に答えなさい。

↑日本とアメリカの立法と行政の関係

　　（　　　　　　　　　　　　　　　　　　　　　　　　　　）

【 行政の役割と行政改革 】

❹ 次の問いに答えなさい。

☐ **❶** 公務員について規定されている憲法第15条の（　　　）にあてはまる語句を答えなさい。

　　（　　　　　　　　　）

　　　第15条②　すべて公務員は，（　　　）であつて，一部の奉仕者ではない。

☐ **❷** 無駄な仕事を減らし，行政を効率化することを何といいますか。 （　　　　　　　　　）

☐ **❸** 規制緩和によって国民が得られる利益として正しくないものを，㋐～㋑から選びなさい。

　　（　　　）

　　㋐ 多くの企業による競争がすすんで，商品やサービスの価格が安くなる。

　　㋑ 公務員の数が増えることで，さまざまな事業の安全対策が十分に行われる。

　　㋒ 企業同士の自由な競争が行われることで技術革新が進む。

　　㋓ 新しい企業が事業に参入することで，商品やサービスの選択肢が増える。

・・

ヒント ❸❶内閣は外国と条約を結んだり，予算を作成して国会に提出したりします。

ミスに注意 ❸❸①各機関がおたがいに均衡を図るための権限を表しています。

【 裁判所の仕事／裁判の種類と人権／裁判員制度と司法制度改革 】

❺ 次の問いに答えなさい。

□ ❶ 司法（裁判）を担当する裁判所のうち，高等裁判所について述べた文として正しいものを，⑦〜㋓から選びなさい。　　　　　（　　　　　）
  ⑦ 全国で東京一か所のみに設置されている。
  ㋑ 審理が原則として非公開で行われる。
  ㋒ 請求額が140万円以下の民事裁判の第一審を行う。
  ㋓ 主に第二審の裁判を行う。

□ ❷ 三審制を説明した次の文の（　　　）にあてはまる語句をそれぞれ答えなさい。

A（　　　　　　　）　　　B（　　　　　　　）

　　第一審に不服があった場合は，第二審に（　A　）できる。さらに第二審に不服があった場合は，（　B　）することができる。

□ ❸ 刑事裁判についての説明として正しいものを，⑦〜㋓から選びなさい。（　　　）
  ⑦ 訴えられた人のことを，被疑者という。　　㋑ 黙秘権は認められていない。
  ㋒ 検察官の起訴によって始まる。　　㋓ 裁判の結果，和解にいたることもある。

□ ❹ 裁判員制度の説明として正しくないものを，⑦〜㋓から選びなさい。（　　　）
  ⑦ 満20歳以上の国民の中からくじと面接で選ばれる。
  ㋑ 殺人や強盗致死などの重大な犯罪が対象となる。
  ㋒ 地方裁判所で行われる第一審を扱い，第二審からは参加しない。
  ㋓ 有罪か無罪かだけを審判し，刑罰の内容までは扱わない。

【 三権分立 】

❻ 右の図を見て，次の問いに答えなさい。

□ ❶ 国の権力を，図のように三つに分けることを何といいますか。（　　　　　　　）

□ ❷ 次の①〜④があてはまる場所を，図中ア〜ケからそれぞれ選びなさい。
　　①（　　　　）　　②（　　　　）
　　③（　　　　）　　④（　　　　）
  ① 法律の違憲審査　　② 弾劾裁判所の設置
  ③ 内閣不信任の決議　　④ 選挙

□ ❸ ❷①に関して，法律などが違憲か合憲かを最終的に判断する権限を持つ最高裁判所は，一般に何と呼ばれますか。（　　　　　　　）

ヒント ❻❶ フランスの思想家モンテスキューが，「法の精神」の中で主張しました。

ミスに注意 ❺❸ 民事裁判で訴えられた人は被告，刑事裁判で訴えられた人は被告人といいます。

Step 3 予想テスト **第 3 章 現代の民主政治と社会②** 30分 /100点 目標 70点

❶ 法律ができるまでの流れを示した右の図を見て，次の問いに答えなさい。 各 5 点

☐ ❶ 法律案を審査する A，採決を行う B の名前を
それぞれ漢字 3 字で答えなさい。技

☐ ❷ 図中の議院のうち，衆議院にはいくつかの
議決で優越が認められています。
その理由を，「任期」「解散」という
言葉を用いて簡潔に答えなさい。思

☐ ❸ 図中の国会について，次の問いに答えなさい。
① 毎年 1 回，1 月中に召集される国会を何といいますか。
② 国会について述べた文として正しいものを，⑦～⑤から選びなさい。
　⑦ 国会で最も重要な仕事は条約の締結である。
　④ 国民は国会の審議を傍聴することはできない。
　⑦ 内閣総理大臣の指名は特別国会で行われる。
　⑤ 国会は国務大臣を任命することができる。

☐ ❹ 図中の内閣について，次の問いに答えなさい。
① 近年内閣が行っている行政改革として正しくないものを，⑦～⑤から選びなさい。
　⑦ 許認可権の見直し　　④ 公務員の削減　　⑦ 事業の見直し　　⑤ 縦割り行政
② 経済活動において，自由な競争を進めるために，行政がもつ許可や認可を行う権限を
なくしていくことを何といいますか。

❷ 右の図を見て，次の問いに答えなさい。 各 5 点

☐ ❶ 図中の（　　）に共通してあてはまる語句を答えなさい。

☐ ❷ 下線部 a の長官の指名と任命に関する説明として
正しいものを，⑦～⑤から選びなさい。
　⑦ 国会が指名し，内閣総理大臣が任命する。
　④ 内閣が指名し，天皇が任命する。
　⑦ 裁判所が指名し，内閣総理大臣が任命する。
　⑤ 国会が指名し，天皇が任命する。

↑三審制の仕組み

☐ ❸ 次の説明にあてはまる裁判所を，図中のア～エからそれぞれ選びなさい。
① 全国に 8 か所設置されている裁判所。
② 裁判員制度で裁判員が担当する裁判所。

☐ ❹ 図のように，一つの内容につき 3 回まで裁判が行われる理由を
簡潔に答えなさい。思

❸ 右の図を見て，次の問いに答えなさい。 各5点

☐ ❶ 行政権を持つ機関を，図中の A 〜 C から選びなさい。

☐ ❷ 国民が直接投票や審査を行わないものを，
図中の**ア〜ウ**から一つ選びなさい。

☐ ❸ 図のように権力を三つに分けることを「法の精神」で
主張した思想家を，⑦〜⑤から選びなさい。

⑦ ロック ⑦ モンテスキュー

⑦ ルソー ⑤ リンカーン

☐ ❹ 図中 A の国会について，国会から内閣への不信任決議
が可決された場合について示した
次の図の（ ）にあてはまる数字・語句をそれぞれ答えなさい。[技]

| 内閣
不信任の決議 | →可決→ | （ a ）日以内
に衆議院の解散
か（ b ） | → | 衆議院を解散したら
総選挙から（ c ）日以内
に特別会（特別国会）を開く |

☐ ❺ 図中 B の内閣について，内閣は内閣総理大臣と国務大臣で構成されます。国務大臣の
説明として正しくないものを，⑦〜⑤から選びなさい。

⑦ すべての国務大臣は，国会議員の中から選出される。

⑦ すべての国務大臣は，内閣総理大臣に任命される。

⑦ 行政の仕事に関する事柄を決定するため，閣議に参加する。

⑤ 国務大臣を長とする機関の一つに，国家公安委員会がある。

☐ ❻ 図について説明した文として正しいものを，⑦〜⑦から選びなさい。[技]

⑦ 内閣は，国会の召集や衆議院の解散を決定できるのに対し，国会は内閣総理大臣を
任命することができる。

⑦ 国会は，裁判所に対して弾劾裁判所を設置できるのに対し，裁判所は国会がつくった
法律の違憲審査ができる。

⑦ 裁判所は内閣が作る命令などの違憲審査ができるのに対し，内閣は裁判所に対して
最高裁判所長官の任命や，その他の裁判官の指名ができる。

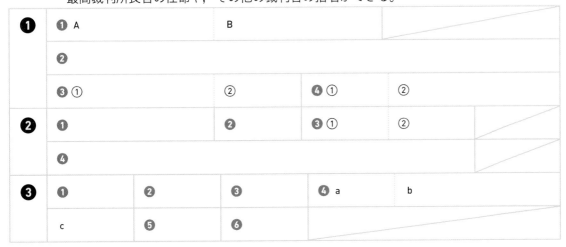

❶	❶ A		B		
	❷				
	❸ ①		②	❹ ①	②
❷	❶		❷	❸ ①	②
	❹				
❸	❶	❷	❸	❹ a	b
	c	❺	❻		

❶ ╱35点 ❷ ╱25点 ❸ ╱40点

Step 1 基本チェック ● 第 3 章 現代の民主政治と社会③

10分

次の問題に答えよう！　間違った問題には□にチェックをいれて，テスト前にもう一度復習！

❶ 地方自治と私たち

解答欄

□ ❶ ［市町村］や［都道府県］などの地域を運営する場を何というか。　❶

□ ❷ 市とほぼ同じ権限を持つ東京都の23区を何というか。　❷

□ ❸ 地域は住民により運営され，国から自立した❶をつくるという
考え方を何というか。　❸

□ ❹ 仕事や財源を国から❶に移すことを何というか。　❹

□ ❺ ［地方議会］が法律の範囲内で定める❶独自の法を何というか。　❺

□ ❻ 都道府県知事や市（区）町村長などの長を何というか。▶ 図1　❻

□ ❼ 住民が❻と地方議員という 2 種類の代表を選ぶことを何というか。　❼

□ ❽ 都道府県知事の［被選挙権］は何歳以上に与えられているか。　❽

□ ❾ 地域住民に認められた直接民主制を取り入れた権利を何というか。　❾

□ ❿ ❶が 1 年間で得る収入を何というか。　❿

□ ⓫ ❶が収入を得て，それを支出する経済活動を何というか。　⓫

□ ⓬ ❿のうち， 4 割を占める❶が集める税を何というか。　⓬

□ ⓭ ❿のうち，都道府県や市町村間の財政格差をおさえるための
国から配分されるお金を何というか。　⓭

□ ⓮ ❿のうち，特定の仕事のために国から得る費用を何というか。　⓮

□ ⓯ ❿のうち，都道府県や市町村の借金を何というか。▶ 図2　⓯

□ ⓰ 公共施設の建設や［市町村合併］の問題など，重要な問題で
住民の意見を投票してもらうことを何というか。　⓰

□ ⓱ もうけではなく公共の利益のために活動する団体を何というか。　⓱

□ ⓲ 急激な人口減少が進んでいる地域を何というか。　⓲

図1 ［地方議会］と［首長］の関係

図2 ［地方債］の発行残高の推移

地方議会と首長の関係，財政状況や
選挙権・被選挙権の年齢など，国と
地方公共団体では何が似ていて何が
ちがうのかを整理しておこう！

Step 2 予想問題 第3章 現代の民主政治と社会③

1ページ 10分×3

【 私たちの生活と地方自治 】

❶ 次の日本国憲法第92条を読んで，問いに答えなさい。

> 第92条 （　a　）の組織及び運営に関する事項は，地方自治の本旨に基いて，b法律でこれを定める。

☐ ❶ a にあてはまる語句を答えなさい。　　　　　　　　　　　　　　　（　　　　　　　）

☐ ❷ 東京都の23区は a の一つであり，市とほぼ同じ権限を持っています。
これは何と呼ばれていますか。　　　　　　　　　　　　　　　　　（　　　　　　　）

☐ ❸ 下線部 b の法律を何といいますか。　　　　　　　　　　　　　　（　　　　　　　）

☐ ❹ a の仕事としてあてはまらないものを，⑦〜㉒から選びなさい。

（　　　　　　　）

　　⑦ 上下水道の設置を行う。　　　　　　　⑦ 住民登録を行う。
　　⑦ 地方裁判所において民事裁判を行う。　㉒ ごみの収集を行う。

☐ ❺ a の中には，市民の要望を聞くために独自の部署が設けられている場合があります。
こうした部署への要望として正しくないものを，⑦〜㉒から選びなさい。

（　　　　　　　）

　　⑦ 車が多く通って危ないので，ガードレールをつくってほしい。
　　⑦ 近くに買い物できる場所がないので，スーパーマーケットをつくってほしい。
　　⑦ 子どもを預けられる場所がないので，保育園をつくってほしい。
　　㉒ 駅前に自転車が多く停まっていて通りにくいので，駐輪場をつくってほしい。

☐ ❻ 次の文中の（　　　）にあてはまる語句を答えなさい。　　　　　　（　　　　　　　）

> 日本国憲法第92条に定められている内容は，私たちの暮らしと密接に関わっており，住民の意見をより反映した政治を行っていることから，地方自治は「民主主義の（　　　）」と呼ばれている。

☐ ❼ 地方分権について説明した文として正しいものを，⑦〜㉒から選びなさい。（　　　　　　　）
　　⑦ 国が各地域の特色を把握し，地域の実情にあった政策を行うこと。
　　⑦ 地方公共団体が担っていたさまざまな役割を国が行っていくこと。
　　⑦ 地方公共団体が行う政策を国が監視し，正しく行うよう指導すること。
　　㉒ 国の制約を弱め，地方公共団体が地域の実情にあった政策ができるようにすること。

- -

ヒント ❶❹裁判は裁判所（司法権）の仕事です。a は行政機関です。

ミスに注意 ❶❼地方分権の逆で，政治権力を国に集中させることを中央集権といいます。

【 地方自治の仕組み 】

❷ 次の問いに答えなさい。

□ **❶** 右の図を見て，次の問いに答えなさい。

① 図の中で，国の政治の仕組みにはない，
地方公共団体だけに取り入れられているもの
を，**ア〜エ**から選びなさい。　（　　　）

② 図中の **A** について，次の文の（　）に
あてはまる数字をそれぞれ答えなさい。

a（　　　　　　　）　　b（　　　　　　　）　　c（　　　　　　　）

　都道府県知事の被選挙権は（　**a**　）歳以上，市（区）町村長の被選挙権につい
ては（　**b**　）歳以上で得られ，任期はいずれも（　**c**　）年である。

③ 図において，地方公共団体の住民はどのように参政権を行使しますか。
正しくないものを，㋐〜㋓から選びなさい。　　　　　　　（　　　）
　㋐ 首長を指名する権利を持つ議員を選挙で選ぶ。
　㋑ 首長・議員という 2 種類の代表を選挙で選ぶ。
　㋒ 首長に仕事を任せられないと判断した場合は，署名を集めて住民投票を求める。
　㋓ 議会が住民の意見に反していると判断した場合は，署名を集めて住民投票を求める。

□ **❷** 地方公共団体が制定する条例の説明として正しいものを，㋐〜㋓から選びなさい。
　㋐ 条例案を制定・議決するのは首長である。　　　　　　　　　　　（　　　）
　㋑ 法的拘束力を持ち，違反者には必ず罰則が課される。
　㋒ 一度制定した条例を廃止することはできない。
　㋓ 憲法や法律に反する条例を制定することはできない。

□ **❸** 右の表を見て，次の問いに答えなさい。

① 表中の**ア〜エ**にあてはまる数を
それぞれ答えなさい。

ア（　　　　　　　）　**イ**（　　　　　　　）
ウ（　　　　　　　）　**エ**（　　　　　　　）

住民による請求内容	必要な署名 （有権者の）	請求先
条例の制定	**ア**以上	**オ**
監査請求	**イ**以上	**カ**
議会の解散請求	**ウ**以上※	**キ**
議員・首長の解職請求	**エ**以上※	**ク**

※有権者数が40万人以下の地方公共団体の場合

② 表中の**オ〜ク**のうち，請求先が同じ
ものを選び，記号で答えなさい。
また，その請求先はどこか答えなさい。

記号（　　　　　　　）　請求先（　　　　　　　　　）

③ 表のような，直接民主制の考えを取り入れ，住民に認められている権利を
何といいますか。　　　　　　　　　　　　　　　　　　　　（　　　　　　　　）

··

💡 ヒント ❷❶②都道府県知事は参議院議員，市町村長は衆議院議員と被選挙権年齢が同じです。

✗ ミスに注意 ❷❶③地方公共団体では，選挙に関して二元代表制を採用しています。

【 地方公共団体の課題 】

❸ 次の問いに答えなさい。

□ ❶ **資料Ⅰ**を見て，次の問いに答えなさい。

資料Ⅰ 地方財政の歳入

その他 6.7
A 15.6%
地方交付税交付金など 22.0
B 10.6
地方税 45.1
[2018年度 当初計画]
（財務省資料）

① Ａにあてはまる，国から支払われる
道路整備などの特定の費用の一部を
何といいますか。　（　　　　　　　）

② Ｂにあてはまる，地方公共団体の
借金を何といいますか。　（　　　　　　　）

③ **資料Ⅰ**中の地方交付税交付金とはどのような
お金ですか。簡潔に答えなさい。

（　　　　　　　　　　　　　　　　　　　　　　）

□ ❷ **資料Ⅱ**を見て，次の問いに答えなさい。

資料Ⅱ 市町村合併による市町村数の推移

	市	町	村	
1999年 3月31日	670	1994	568	3232
2010年 3月31日	786	757	184	1727
2016年 10月10日	791	744	183	1718

（総務省資料）

① **資料Ⅱ**から読み取れることとして正しいものを，
⑦〜⑨から選びなさい。　（　　　　　）

⑦ 市・町・村のすべてが数を減らし続けている。

⑦ 市町村全体の合計数は2010年から2016年の
間に半数以下となっている。

⑨ 1999年には町が最も多かったが，
2016年には市が最も多くなっている。

② 市町村合併が進んだ理由として正しくないものを，⑦〜⑦から選びなさい。

（　　　　　）

⑦ 過疎化の進展により財政が悪化し，それを安定させようとする動きがあったから。

⑦ 環境問題など一つの市町村だけでは対応しにくい課題が増えたから。

⑨ 市町村の仕事の効率化を進めようとする動きがあったから。

⑦ 合併を進めれば住民の意見が届きやすくなるから。

【 地方自治と私たち 】

❹ 次の問いに答えなさい。

□ ❶ これまでに行われた住民投票によって問われた内容として正しくないものを，
⑦〜⑦から選びなさい。　（　　　　　　　）

⑦ 新しい条約の締結について　　⑦ 原子力発電所の建設について

⑨ 特別区の導入について　　⑦ 産業廃棄物処理場の建設について

□ ❷ 人々がもうけのためではなく，公共の利益のために集まり，自発的に活動している
団体のことを何といいますか。アルファベット３字で答えなさい。　（　　　　　　　）

┈┈┈

💡 ヒント ❹❷日本語では，非営利組織とよばれます。

❌ ミスに注意 ❹❶条約は内閣が締結し，国会がそれを承認します。

Step 3 予想テスト　**第3章 現代の民主政治と社会③**　30分　/100点　目標 **70点**

❶ **次の文を読んで，問いに答えなさい。** ❷8点，他6点

> 国の政治に国会があるように，地方公共団体にも_a地方議会がおかれている。国と似た仕組みであるが，地方自治の特徴としては，住民は_b地方公共団体の2種類の代表を選ぶことができ，また_c直接請求権を行使できるという点が挙げられる。

☐ ❶ 下線部 a について，次の問いに答えなさい。

① 地方議会の仕事として正しくないものを，㋐〜㋓から選びなさい。

㋐ 首長を指名する。　　　　　　　㋑ 地方公共団体の予算を議決する。

㋒ 首長に対し不信任決議を行う。　㋓ 条例を制定する。

② 市町村長と都道府県・市町村議会議員の被選挙権が得られる年齢は同じです。
何歳以上か答えなさい。

☐ ❷ 下線部 b のことを何といいますか。漢字5字で答えなさい。

☐ ❸ 下線部 c について，右の表を見て，次の①・②のような地方公共団体で，それぞれの請求をする際に必要な最低署名者数を答えなさい。技

① 有権者数25万人で，条例の制定を請求する。

② 有権者数30万人で，議会の解散を請求する。

請求内容	必要な署名 （有権者の）
条例の制定・改廃請求	50分の1以上
監査請求	50分の1以上
議会の解散請求	3分の1以上※
議員や首長の解職請求	3分の1以上※

※有権者数が40万人以下の地方公共団体の場合

☐ ❹ 市町村長の解職（リコール）の請求先はどこですか。
また，必要な数の署名が集まり
その署名が有効であると判断された場合，その後どのような取り扱いがなされますか。
正しいものを，㋐〜㋓から選びなさい。

㋐ 市町村長はただちに失職する。

㋑ 市町村がある都道府県知事が同意すれば，市町村長は失職する。

㋒ 住民投票が行われ，過半数の賛成があると市町村長は失職する。

㋓ 地方議会で採決が行われ，過半数の賛成があると市町村長は失職する。

❷ **地方債の発行残高を示している右の資料を見て，次の問いに答えなさい。** 10点

地方公共団体が，地方債を資料のように発行し続けた場合，歳出において，将来どのような問題が起きると考えられますか。「返済」という言葉を用いて簡潔に答えなさい。思

↑地方債の発行残高の推移

❸ 地方財政に関する右の二つの資料を見て，問いに答えなさい。❷ 2 理由：10点。他 6 点

□ **❶** **資料Ⅰ**から読み取った歳出の変化と，変化の
理由として考えられることについて述べた文として
正しいものを，㋐〜㋓から選びなさい。技

㋐ 高齢化が進んだため，福祉関連の民生費の
割合が増加し続けている。

㋑ 公務員が減ったため，給与などの総務費の
割合が減少し続けている。

㋒ 子どもの数が増えたため，教育費の割合が増加し続けている。

㋓ 公共事業が増えたため，土木費の割合が増加し続けている。

資料Ⅰ　市（区）町村の歳出の変化

□ **❷** **資料Ⅱ**について，次の問いに答えなさい。

① **A**にあてはまる語句を答えなさい。また，**A**の
説明として正しいものを，㋐〜㋒から選びなさい。

㋐ 地方公共団体の借金。

㋑ 地方公共団体の間にみられる財政格差を補う
ために国から支払われるお金。

㋒ 特定の活動を行うために用いるという条件で国から支払われるお金。

② 地方公共団体独自で使えるお金の割合が少ないのは，東京，沖縄のどちらですか。
また，その理由を，国庫支出金の役割をふまえた上で，簡潔に答えなさい。思

③ **A**や国庫支出金，地方債のような歳入のことを何といいますか。

資料Ⅱ　東京都と沖縄県の歳入と内訳

□ **❸** 近年の地方公共団体の財政についての説明として正しいものを，㋐〜㋓から選びなさい。

㋐ 都心部の地方公共団体は人口が増えすぎて歳入が減っている。

㋑ 地方公共団体の多くは，自主財源だけでまかなえている。

㋒ 財政が不安定な地方公共団体が多いため，地方公共団体の業務が国に移されている。

㋓ 財政を安定させるため，市町村が合併する事例が見られている。

Step 1 基本チェック ： 第4章 私たちの暮らしと経済①

 10分

次の問題に答えよう！　間違った問題には□にチェックをいれて，テスト前にもう一度復習！

❶ 経済と消費生活

解答欄

- □ ❶ 消費生活を営んでいる，家族や個人などの単位を何というか。　❶
- □ ❷ 食品や衣料品など，形のある商品を何というか。　❷
- □ ❸ 娯楽や教育など，形のない商品を何というか。　❸
- □ ❹ 支出のうち，❷や❸などに使う支出を何というか。　❹
- □ ❺ 収入から❹や［非消費支出］を引いた残りを何というか。　❺
- □ ❻ 消費者が自分の意思で商品を選択・購入することを何というか。　❻
- □ ❼ 商品を購入する際，どのような内容の［契約］を，どのような形で結ぶかを自由に選択できる考え方を何というか。▶ 図1　❼
- □ ❽ 訪問販売などで商品を購入後［ 8 ］日以内であれば，消費者が無条件で［契約］を解除することができる制度を何というか。　❽
- □ ❾ 欠陥商品の被害への企業の責任について定めた法律を何というか。　❾
- □ ❿ 商品が［卸売業者］や［小売業者］を経て消費者のもとに届く流れを何というか。　❿

❷ 生産と労働

- □ ⑪ それぞれが最も得意なものを専門的に生産することを何というか。　⑪
- □ ⑫ ［資本］を基に商品を生産し，それを消費する経済を何というか。　⑫
- □ ⑬ ［公企業］とちがい，［利潤］を出そうとする企業を何というか。　⑬
- □ ⑭ ［株式］発行で資金を集めて作る法人企業を何というか。▶ 図2　⑭
- □ ⑮ ［株主］が出席し，経営方針などを議決する会議を何というか。　⑮
- □ ⑯ 労働三法の一つで，労働条件の基準を定めた法律を何というか。　⑯

図1　契約までの流れ

図2　［株式会社］の仕組み

買い物をしたり税金を納めたりすることで，私たちも消費者や納付者という形で経済活動に関わっているんだね。

1ページ
10分×3

【 私たちの消費生活 】

❶ 次の問いに答えなさい。

☐ ❶ 右の表は，ある家庭における1か月の家計を示
したものである。これを見て，問いに答えなさい。

① 消費支出の合計額はいくらか答えなさい。なお，
雑費は消費支出に含めるものとします。

（　　　　　　　）

② 表中の（　）にあてはまる言葉を，㋐〜㋓から
選びなさい。

（　　　　　　　）

㋐ 預金や株式などの非消費支出

㋑ 預金や株式などの貯蓄

㋒ 社会保険料などの非消費支出

㋓ 社会保険料などの貯蓄

③ 表中の「交通・通信費」のうち，交通費などは
生活に必要な形のないものです。
このような商品を一般に何といいますか。

（　　　　　　　）

収入	世帯主の給料	300,000円
支出	食料費	50,000円
	住居費	50,000円
	光熱・水道費	7,000円
	家具・家事用品費	3,000円
	被服及び履物費	9,000円
	交通・通信費	25,000円
	教養娯楽費	20,000円
	交際費	11,000円
	雑費	15,000円
	税金など	53,000円
（　　　）		30,000円
その他		27,000円

☐ ❷ クレジットカードの説明として正しくないものを，㋐〜㋓から選びなさい。 （　　　　　）

㋐ 現金を持たずに買い物ができる。　　㋑ 消費者は，カード会社に代金を支払っている。

㋒ 商品の代金を前払いすることになる。　　㋓ 収入を考え計画的に利用する必要がある。

【 契約と消費生活／消費者の権利を守るために 】

❷ 右の図を見て，次の問いに答えなさい。

☐ ❶ 右の図の「消費者の四つの権利」は，ある国に
おける消費者問題改善運動の中で主張されました。
ある国とはどこですか。㋐〜㋓から選びなさい。

（　　　　　　　）

消費者の四つの権利	
1 安全を求める権利	2 知らされる権利
3 選択する権利	4 意見を反映させる権利

消費者の権利（2004年　A　）	
1 安全の確保	2 選択の機会の確保
3 必要な情報の提供	4 教育の機会の提供
5 消費者の意見の反映	6 消費者被害の救済

↑消費者の権利

㋐ イギリス　　㋑ フランス　　㋒ アメリカ　　㋓ 中国

☐ ❷ 図中Aにあてはまる法律の名前を答えなさい。 （　　　　　）

☐ ❸ 下線部について，消費者が欠陥商品で被害を受けた時に企業に責任があることを
定めた法律を何といいますか。 （　　　　　）

💡ヒント ❷❷国や地方公共団体は，消費者が被害にあわないための取り組みをする責務があります。

✖ミスに注意 ❶❶③食料品や衣料品など，形のある商品は財と呼ばれます。

【 消費生活を支える流通 】

❸ 右の図を見て，次の問いに答えなさい。

☐ ❶ 図中の [　　] にあてはまる語句をそれぞれ
漢字 2 字で答えなさい。

A (　　　　　　　　)　　　B (　　　　　　　　)

一般的な流通

生産者　　A 業者　　B 業者　　消費者

☐ ❷ この仕組みは，消費者が生産者と直接契約して
商品を購入する仕組みと比べて，消費者に
とってどのような影響がありますか。「流通」
という言葉を用いて簡潔に答えなさい。

(　　　　　　　　　　　　　　　　　　　　　　)

【 生産活動と企業／企業の種類 】

❹ 次の文を読んで，問いに答えなさい。

生産活動を主に行うのは企業である。企業は，a利潤を目的とする企業とb利潤を目的
としない企業に分けられる。また資本金や従業者数によって，c大企業と中小企業に分け
られる。最近は，社会貢献活動などd企業の社会的責任を果たすことも重要視されている。

☐ ❶ 下線部 a について，企業が資本をもとに財やサービスを生産して利潤を生みだし，
さらにその利潤をたくわえて再び資本として利潤を生みだしていくという
経済の仕組みを何といいますか。(　　　　　　　　　　)

☐ ❷ 下線部 b のような企業を何といいますか。(　　　　　　　　　　)

☐ ❸ 下線部 c について，右のグラフは，
企業数・従業者数・売上高（非第一次産業）の
いずれかを示しています。企業数を示したグラ
フを A 〜 C から選びなさい。

A [2014年] 中小企業 99.7%
B [2014年] 70.1
C [2013年] 43.4

（「中小企業白書」2018年版）

(　　　　　　)

☐ ❹ 下線部 d について，これにあてはまる事例として
正しくないものを，⑦〜⑤から選びなさい。

⑦ 文房具の販売に関わる企業が，地域の学校に出前授業を行う。
④ 自然食品の販売に関わる企業が，環境保護の取り組みを行う。
⑨ 自動車の販売に関わる企業が，性能の高い自動車を開発する。
⑤ 工芸品の販売に関わる企業が，伝統文化の保全に取り組む。

(　　　　　)

ヒント ❸❷流通に関わる業者が多くなると，費用（コスト）もその分多くかかります。

ミスに注意 ❹❷これとちがい，利潤を目的とする企業を私企業（民間企業）といいます。

[解答 ▶ p.14]

【 株式会社の仕組み 】

❺ 次の問いに答えなさい。

□ ❶ 右の写真は，東京にある株式の売買を行う場所です。
こうした場所を何といいますか。

□ ❷ 株式会社の説明として正しいものを，⑦～⑤から選びなさい。

⑦ 株主は，利潤をすべて配当として受け取る。　　④ 株主は，すべて直接会社を経営する。

⑨ 株価は，業績などによって変動する。　　⑤ 倒産した場合，株主がすべての責任を負う。

【 労働の意義と労働者の権利／労働環境の変化と課題 】

❻ 次の問いに答えなさい。

□ ❶ 労働三法について，次の法律の説明として正しいものを，⑦～⑨からそれぞれ選びなさい。

① 労働基準法　　　　② 労働組合法　　　　③ 労働関係調整法

⑦ 労働者同士が団結することや，労働条件の向上を使用者に要求することを定めた法律。

④ 労働関係の公平性を確保し，労働争議（ストライキ）の予防・解決を目指した法律。

⑨ 労働時間・休日・賃金などの労働条件の最低基準を定めた法律。

□ ❷ 資料Ⅰは，日本とスウェーデンの女性の
年齢別の働いている割合を示しています。
日本とスウェーデンでは，どの年齢区分から，
どのように異なる変化をし始めますか。
簡潔に答えなさい。

資料Ⅰ　日本とスウェーデンの女性の年齢別の働いている割合

□ ❸ 資料Ⅱは，雇用形態別労働者の割合の
推移を示しています。年を追うごとにパート・
アルバイトなどの非正規労働者の割合が増加
していますが，企業側が非正規労働者を多く
雇う理由を簡潔に答えなさい。

資料Ⅱ　雇用形態別労働者の割合の推移

Step 3 予想テスト　**第4章 私たちの暮らしと経済①** 30分　／100点　目標70点

❶ **右の資料を見て，次の問いに答えなさい。** 各5点

☐ ❶ **資料Ⅰの下線部 a を担う企業について，次の問いに答えなさい。**
　① 利潤の追求を目的とする企業を何といいますか。
　② **資料Ⅱは企業の代表的な形態の仕組みを示して**
　　います。□□□にあてはまる，このような会社を
　　何といいますか。【技】
　③ **資料Ⅱ中の A ～ C にあてはまる**
　　語句をそれぞれ答えなさい。

☐ ❷ **資料Ⅰの下線部 b の購入にあてはまるものを，**
　⑦～㋑から選びなさい。
　⑦ 洋服を買う。　　㋑ 税金を払う。
　㋒ タクシーに乗る。　　㋓ 本を買う。

☐ ❸ **資料Ⅰの下線部 c について，次の問いに答えなさい。**
　① 消費者を保護するために，訪問販売などで購入後，
　　8日以内であれば消費者から契約を無条件で
　　解除することができる制度を何といいますか。
　② 何をどれだけ買うか，あるいは買わないことを決める権利は消費者にあるとする経済の
　　原則を何といいますか。

資料Ⅰ

資料Ⅱ

❷ **流通に関する右の図を見て，次の問いに答えなさい。** 各5点

☐ ❶ 図中の（　　）に共通してあてはまる語句を
　漢字2字で答えなさい。【技】

☐ ❷ 図中の「直接仕入れ」のように，流通は
　さまざまな形で合理化が進んでいます。
　このような事例として正しくないものを，
　⑦～㋒から選びなさい。
　⑦ 効率のため，情報通信技術を用いて商品を管理する。
　㋑ 商品を知ってもらうため，せりを何度も実施する。
　㋒ 費用削減のため，商品を一括して仕入れる。

☐ ❸ 右のグラフは，図中の「小売業者」の販売額の
　推移を示しています。グラフ中の A ～ C にあてはまる
　小売業者を，⑦～㋒からそれぞれ選びなさい。【技】
　⑦ 大型スーパーマーケット　　㋑ コンビニエンスストア　　㋒ 百貨店

↑野菜が消費者に届くまでの流通の働き

（「商業動態統計調査」ほか）

❸ 右の資料を見て，次の問いに答えなさい。

□ ❶ **資料Ⅰ**の求人広告は，二つの点で法律に違反していると考えられます。それぞれ何という法律に，どのような点で違反していますか。法律の名前を明記した上で，簡潔に答えなさい。思

□ ❷ **資料Ⅰ**中の「アルバイト」は，非正規労働の一形態です。非正規労働者の説明として正しくないものを，㋐〜㋑から選びなさい。

　　㋐ 非正規労働者の割合は年々増加している。

　　㋑ 日本では女性の方が非正規労働者の割合が高い。

　　㋒ 派遣労働者は非正規労働者の一形態である。

　　㋓ 正規労働者と同じ仕事をする場合，賃金は同じである。

資料Ⅰ

> フロアスタッフ（アルバイト）募集
>
> 資格▶女性のみ（年齢は不問）
> 給与▶時給1000円以上
> 　　　22時以降1300円以上
> 時間▶１日３〜10時間程度
> 待遇▶交通費規定内支給
> 　　　制服貸与　食事あり
> 応募▶まずはお気軽にお電話を
>
> ファミリーレストラン△△△

□ ❸ 次の**資料Ⅱ・Ⅲ**は，労働三法の一部です。これを見て，次の問いに答えなさい。

　① 条文中の（　　）にあてはまる語句をそれぞれ漢字４字で答えなさい。

資料Ⅱ

> 第２条　この法律で「（　A　）」とは，労働者が主体となって自主的に労働条件の維持改善その他経済的地位の向上を図ることを主たる目的として組織する団体又はその連合団体をいう。

資料Ⅲ

> 第１条　この法律は，（　A　）法と相俟つて，労働関係の公正な調整を図り，（　B　）を予防し，又は解決して，産業の平和を維持し，もつて経済の興隆に寄与することを目的とする。

　② **資料Ⅱ・Ⅲ**はそれぞれ何という法律ですか。㋐〜㋒から選びなさい。

　　㋐ 労働基準法　　㋑ 労働組合法　　㋒ 労働関係調整法

❶	❶ ①		②		③ A	
	B		C		❷	
	❸ ①		②			
❷	❶		❷	❸ A	B	C
❸	❶ 1点目：					
	2点目：					
	❷	❸ ① A		B		
	②資料Ⅱ：	資料Ⅲ：				

Step 1 基本チェック 第4章 私たちの暮らしと経済②

10分

次の問題に答えよう！　間違った問題には□にチェックをいれて，テスト前にもう一度復習！

❶ 市場経済の仕組みと金融

解答欄

□ ❶ ［需要量］と［供給量］が合うときの価格を何というか。▶ 図1 ①

□ ❷ 自由な価格の競争をうながすために定められた法律を何というか。 ②

□ ❸ 国や地方公共団体が決定・認可する価格（料金）を何というか。 ③

□ ❹ ［金融］のうち，出資者から直接資金を借りることを何というか。 ④

□ ❺ ［日本銀行］の役割のうち，紙幣を発行する役割を何というか。 ⑤

□ ❻ ［物価］が上昇し続ける現象を何というか。 ⑥

□ ❼ 通貨と通貨を交換する比率を何というか。 ⑦

❷ 財政と国民の福祉

□ ❽ ［消費税］のように，納税者と負担者がちがう税を何というか。 ⑧

□ ❾ 政府が経済活動で提供する，道路や水道などのことを何というか。 ⑨

□ ❿ 税金だけでは収入が不足する際，国が発行するものを何というか。 ⑩

□ ⓫ ［社会保障］制度のうち，保険料を支払い，高齢になったときや病気になったときなどに給付を受ける制度を何というか。 ⑪

❸ これからの経済と社会

□ ⓬ 九州地方の八代海沿岸で発生した四大公害の一つを何というか。 ⑫

□ ⓭ 公害問題への対応から，［公害対策基本法］を発展させる形で1993年に制定された法律を何というか。 ⑬

□ ⓮ 廃棄物を少なくし，資源を有効に使う社会を何というか。▶ 図2 ⑭

図1 需要量・供給量・価格の関係

図2 ［循環型社会］の仕組み

価格は市場で決まるだけではなくて，国や地方公共団体が決めるときもあるんだね。

Step 2 予想問題 ： **第4章 私たちの暮らしと経済②**

【 市場経済と価格の決まり方／価格の働き 】

❶ 次の二つの資料を見て，問いに答えなさい。

□ ❶ **資料Ⅰ**を見て，次の問いに答えなさい。

① 消費者が買おうとする量を何といいますか。また，その量と価格の関係を示した曲線を**資料Ⅰ**中のА・Вから選びなさい。

量（　　　　　　　　）　曲線（　　　　　）

② **資料Ⅰ**中のCのときの価格を何といいますか。

（　　　　　　　）

資料Ⅰ

③ **資料Ⅰ**の説明として正しいものを，⑦～⑤から選びなさい。
　⑦ 価格が70円だと商品は売れ残るので，価格は下落する。
　④ 価格が70円だと商品は不足するので，価格は上昇する。
　⑨ 価格が30円だと商品は売れ残るので，価格は上昇する。
　⑤ 価格が30円だと商品は不足するので，価格は下落する。

（　　　　　　）

□ ❷ **資料Ⅱ**はトマトの入荷量と平均価格の変化を示したものです。入荷量と価格にはどのような関係があるか簡潔に答えなさい。

（　　　　　　　　　　　　　　　　　　　　）

資料Ⅱ

（「市場統計情報」2017年）

【 金融の仕組み／私たちの生活と金融機関 】

❷ 右の図を見て，次の問いに答えなさい。

□ ❶ 図中のAにあてはまる語句を答えなさい。

（　　　　　　　）

□ ❷ 図中のaとbで金利が高いのはどちらですか。（　　　）

□ ❸ 図のように，お金を貸す側と借りる側との間に銀行などの金融機関が入り，貸す側から集めたお金を，企業などの借りる側に融通することを何といいますか。

（　　　　　　　）

□ ❹ 日本銀行の役割として正しくないものを，⑦～⑤から選びなさい。
　⑦ 日本銀行券を発行する。　　　　④ 企業や個人に国債を販売する。
　⑨ 一般の銀行の預金を受け入れる。　⑤ 政府が管理するお金を預かる。

（　　　　　　）

・・

🔍ヒント ❶❶①価格が高くなると，需要量が減少し，供給量が増加します。

❌ミスに注意 ❷❷ aとbの差額が銀行の収入になります。

【 景気と金融政策／金融のグローバル化 】

❸ 次の問いに答えなさい。

資料Ⅰ

□ ❶ 資料Ⅰのように，景気の波が A の時期と B の時期を
くり返すことを何といいますか。

□ ❷ A の時期は市場の通貨量が増加して経済活動が活発化
しますが，この時期に発生しやすくなるインフレーション
とはどのような現象ですか。「通貨の価値」「物価」という言葉を用いて簡潔に答えなさい。

□ ❸ 資料Ⅱは，資料Ⅰの B の時期に日本銀行が行う政策です。この政策によって
起こる㋐〜㋑の変化を，起こる順に並べかえなさい。

　　　　　　　→　　　　　　　→　　　　　　　→

㋐ 企業の生産活動が活発になる。　　㋑ 景気が回復へ向かう。
㋒ 銀行の資金量が増える。　　　　　㋑ 銀行の貸し出しが増える。

資料Ⅱ

□ ❹ （外国）為替相場（為替レート）について，次の文の（　　）に
あてはまる語句をそれぞれ答えなさい。

　　　A（　　　　　　　）　　　B（　　　　　　

　　　1ドル100円が120円となることを（　A　）といい，1ドル100円が80円と
　　　なることを（　B　）という。

【 私たちの生活と財政／財政の役割と課題 】

❹ 右の表を見て，次の問いに答えなさい。

□ ❶ 表中 A 〜 C にあてはまる語句を
それぞれ答えなさい。

　　　A（　　　　　　
　　　B（　　　　　　
　　　C（　　　　　　

□ ❷ 下線部の所得税は，所得が多いほど
高い税率が適用されます。
このような方法を何といいますか。

	国税	C	
		道府県税	市町村税
（ A ）	所得税 法人税 相続税 贈与税	道府県民税 事業税 自動車税	市町村民税 固定資産税 事業所税
（ B ）	消費税 酒税　関税 たばこ税 揮発油税	地方消費税 道府県たばこ税 ゴルフ場利用税	市町村たば こ税 入湯税

□ ❸ 政府は，歳入や歳出を通じて景気を安定させる財政政策を行います。不景気のときの
政策として正しいものを，㋐〜㋑から二つ選びなさい。
㋐ 減税をする。　　㋑ 増税をする。　　㋒ 公共投資を増やす。　　㋑ 公共投資を減らす。

....

ヒント ❸❹ A 1ドル100円から120円になると，円の価値は下がったことになります。

ミスに注意 ❹❶ A・B 納税者と負担者が同じ場合は直接税，ちがう場合は間接税です。

【 社会保障の仕組み／少子高齢化と財政 】

❺ 次の問いに答えなさい。

☐ ❶ 日本の社会保障制度は，四つの柱から構成されています。次の①〜④にあてはまるものを，㋐〜㋑からそれぞれ選びなさい。

① 保険料を支払い，高齢になったときに年金を受け取る。

② 公害の対策や感染症の予防を行う。

③ 生活に困っている人のために生活費を支給する。

④ 高齢者や障がい者のための施設を建設する。

㋐ 公的扶助 ㋑ 社会保険 ㋒ 公衆衛生 ㋓ 社会福祉

☐ ❷ 日本の人口構成が右の図のように変化すると❺①の社会保障制度を維持するうえで，将来どのような問題が生じると考えられますか。「働く世代」という言葉を用いて簡潔に答えなさい。

（「日本統計年鑑」平成29年ほか）

↑日本の人口と人口構成の変化

【 公害の防止と環境の保全／経済の持続可能性と真の豊かさ 】

❻ 次の表を見て，問いに答えなさい。

公害	(A)	(B)	(C)	(D)
発生地	新潟県 阿賀野川流域	三重県 四日市市	富山県 神通川流域	熊本県・鹿児島県 八代海沿岸
原因	(E)	(F)	(E)	(E)

☐ ❶ A〜Dにあてはまる公害をそれぞれ答えなさい。

A ( ) B ( )
C ( ) D ( )

☐ ❷ E，Fにあてはまる原因を，㋐〜㋔からそれぞれ選びなさい。

E ( ) F ( )

㋐ 地盤沈下 ㋑ 大気汚染 ㋒ 水質汚濁 ㋓ 騒音 ㋔ 悪臭

☐ ❸ 1967年に制定された四大公害への対策法を発展させて，1993年に定められた法律を何といいますか。

( )

☐ ❹ 経済活動が生活環境や人々の健康を害することのない持続可能な社会をきずくために，消費者にできる環境改善や資源の保全のための取り組みの例を一つ答えなさい。

( )

💡ヒント ❻❷ E 水俣病は工場の排水にふくまれていたメチル水銀が原因でした。

❌ミスに注意 ❻❸1967年に制定された法律は，公害対策基本法です。

Step 3 予想テスト **第 4 章 私たちの暮らしと経済②** 30分 ／100点 目標 **70点**

❶ 日本の景気変動に関する次の資料を見て，問いに答えなさい。 各 5 点

□ **❶** 資料中の（　　）に共通して
あてはまる語句を答えなさい。

□ **❷** 資料中の神武（じんむ）景気から
いざなぎ景気までの間，日本は
高度経済成長による好景気を
経験しました。これについて，
次の問いに答えなさい。

(内閣府資料ほか)

① この時期に，富山県神通川（じんづうがわ）
流域での水質汚濁（お だく）が原因で発生した四大公害の一つは何ですか。

② 好景気のときに日本銀行が行う金融政策として正しいものを，⑦〜⊆から選びなさい。

　　⑦ 一般の銀行に国債（こくさい）などを売り，市場のお金を増やす。

　　④ 一般の銀行に国債などを売り，市場のお金を減らす。

　　⑨ 企業や個人に国債などを売り，市場のお金を増やす。

　　⊆ 企業や個人に国債などを売り，市場のお金を減らす。

□ **❸** 景気変動が為替（か わせ）に与える影響（えいきょう）について，次の問いに答えなさい。

① 右の図は円高（えんだか）・円安（えんやす）のときに輸出中心の企業（き ぎょう）が受ける
影響を示しています。**A・B** に入る数字を答えなさい。

② 為替が国内産業に与える影響について述べた次の文の
（　　）にあてはまる語句を右の図を参考に答えなさい。

（　　）が進むと輸出が減少し，産業の空洞化（くうどう）が進む。

❷ 価格について，次の問いに答えなさい。 ❷10点，他各 5 点

□ **❶** 右のグラフは，ある商品を生産している企業の数を
示しています。このように，市場で商品を提供する
企業が少ない状態を何といいますか。

□ **❷** 商品を提供する企業が❶や，1 社だけの状態だと，
消費者にとってどのような不利益がありますか。
「価格」という言葉を用いて簡潔に答えなさい。思

[2017年]
(日本経済新聞社資料)

□ **❸** 消費者が❷のような不利益をこうむらないために，
❶のような状態を禁止する法律を何といいますか，また，この法律に基（もと）づいて
❶の状態が起こらないよう監視，指導を行う機関を何といいますか。

❸ 次の問いに答えなさい。 ❹ ②10点，他各 5 点

☐ ❶ 以下の条文は，日本国憲法第25条です。これを見て，問いに答えなさい。

> 第25条① すべて国民は，（　**A**　）で文化的な（　**B**　）の生活を営む権利を有する。
> ② 国は，すべての生活部面について，社会福祉，社会保障及び<u>公衆衛生</u>の向上及び増進に努めなければならない。

① 条文中の（　　）にあてはまる語句をそれぞれ答えなさい。

② 条文中の下線部の制度にあてはまることとして正しいものを，㋐～㋛から選びなさい。

㋐ 生活に困っている人に生活費を支給する。　㋑ 介護が必要な人の費用を負担する。

㋒ 障がいを持った人に働く場所を提供する。　㋓ 感染症対策のため予防接種を行う。

☐ ❷ 次の所得税と税額の計算で，累進課税が適用されているものを，㋐～㋒から選びなさい。

㋐ 所得額100万円の人の税額は 5 万円，所得額200万円の人の税額は10万円。

㋑ 所得額100万円の人の税額は 5 万円，所得額200万円の人の税額は 5 万円。

㋒ 所得額100万円の人の税額は 5 万円，所得額200万円の人の税額は20万円。

☐ ❸ **資料Ⅰ**は，主な国の国税について，直接税と間接税の
比率を示しています。日本の税の中で，グラフ中の **A**
に分類される税を㋐～㋓から選びなさい。技

㋐ 相続税　　㋑ 固定資産税　　㋒ 消費税　　㋓ 酒税

☐ ❹ **資料Ⅱ**は，日本の財政の変化を示しています。
これについて，次の問いに答えなさい。

① 歳出には，道路・公園など施設の整備や，教育・
社会保障などのサービスにかかる費用がふくまれます。
政府が提供するこれらをそれぞれ何といいますか。

② 1990年代から2000年代にかけて，国債発行額が
増加傾向にある理由を，「歳出」「税収」という
言葉を用いて簡潔に答えなさい。

資料Ⅰ

(財務省資料)

資料Ⅱ

(財務省資料)

❶	❶		❷①		②	
	❸①A　　　　　　　ドル	B　　　　　　　ドル	②			
❷	❶		❷			
	❸ 法律：	機関：				
❸	❶①A	B		②	❷
	❸	❹①施設：		サービス：	
	②				

Step 1 | **基本 チェック** | **第5章 私たちと国際社会 終章 持続可能な社会を目指して** 10分

次の問題に答えよう！　間違った問題には□にチェックをいれて，テスト前にもう一度復習！

1 国家と国際社会／国際社会の課題

解答欄

□ ❶ ［領土］，［領海］，［領空］で構成される国の範囲を何というか。

❶

□ ❷ 領海の外側で沿岸から200海里までの水域を何というか。▶ 図1

❷

□ ❸ ５か国の［常任理事国］と10か国の［非常任理事国］からなる，世界の平和と安全を維持するための国際連合の機関を何というか。

❸

□ ❹ 国際連合による停戦や選挙の監視などの活動を何というか。

❹

□ ❺ アジア太平洋地域で開かれる経済協力のための会議を何というか。

❺

□ ❻ ［先進工業国］・［発展途上国］間の経済格差問題を何というか。

❻

□ ❼ 急速に経済発展が進んでいる，ブラジル，ロシア連邦，インド，中国，南アフリカ共和国を指して何というか。

❼

□ ❽ 二酸化炭素などの［温室効果ガス］が増えることで起こる［地球環境問題］を何というか。▶ 図2

❽

□ ❾ 地熱や風力など，二酸化炭素を出さないエネルギーを何というか。

❾

□ ❿ 武器での攻撃や自爆で人々を無差別に殺傷する行為を何というか。

❿

□ ⓫ 居住していた地域を追われ，他国へのがれる人々を何というか。

⓫

2 国際社会における日本／持続可能な社会を目指して

□ ⓬ 国際貢献の一つで，国による発展途上国の開発支援を何というか。

⓬

□ ⓭ 貴重な自然や文化財を［世界遺産］として保護することを目的にUNESCOの提案で1972年に採択された条約を何というか。

⓭

□ ⓮ 環境が保全され，現在の世代の幸福と将来の世代の幸福が両立できる社会を何というか。

⓮

図1 ［領域］と［排他的経済水域］

[2015年]
中国 28.4%
アメリカ 15.4
EU 9.7
インド 6.4
ロシア 4.8
日本 3.5
韓国 1.8
その他 30.0
世界計 329.1億t

図2 世界の［二酸化炭素］排出量
（「エネルギー・経済統計要覧」2018年版）

17の領域からなる持続可能な開発目標（SDGs）を達成するためには，一人一人が課題意識を持って行動することが必要だね。

[解答 ▶ p.18]

Step 2 予想問題　第5章 私たちと国際社会　終章 持続可能な社会を目指して

1ページ
10分×3

【 国際社会における国家／領土をめぐる問題 】

❶ 次の問いに答えなさい。

□❶ 右の図中の（　）にあてはまる語句をそれぞれ
答えなさい。

①（　　　）　②（　　　）
③（　　　）　④（　　　）

□❷ 次の A ～ C で説明されている地域にあたる，
日本固有の領土をそれぞれ答えなさい。
A　日本はソ連に引き続きロシア連邦に返還を求めている。
B　中国が領有を主張している。
C　韓国が不法に占拠し，日本は抗議を続けている。

A（　　　）　B（　　　）　C（　　　）

【 国際連合の仕組みと役割 】

❷ 次の問いに答えなさい。

□❶ 右の図は何という組織の仕組みを示していますか。
漢字4字で答えなさい。　（　　　）

□❷ 図中 A にあてはまる語句を答えなさい。　（　　　）

□❸ 図中の a の安全保障理事会では，重要な問題に
ついて1か国でも反対すると決議できません。
常任理事国が持つこの権利を何といいますか。　（　　　）

□❹ 図中の b について，近年では2018年の活動があり，この活動には日本の自衛隊も
参加しました。この国の名前を，㋐～㋓から選びなさい。　（　　　）
㋐ イラク　㋑ 南スーダン　㋒ バングラデシュ　㋓ ブラジル

□❺ 右の資料は，2015年に❶の加盟国すべてが賛成して
採択された，2030年までに達成することを目指した
目標です。これを何といいますか。

（　　　）

🔑 ヒント　❶❶④この水域では，沿岸国に漁業資源や鉱産資源を利用する権利があります。

❌ ミスに注意　❷❶第一次世界大戦後に成立したのは国際連盟で，略称は同じ「国連」です。

【 グローバル化と地域統合／南北問題と南南問題 】

❸ 次の二つの地図を見て，問いに答えなさい。

地図 I

□ ❶ 地図 I を見て，次の問いに答えなさい。

① A～F にあてはまる組織の名称を，
㋐～㋕からそれぞれ選びなさい。

㋐ APEC（エイペック）　㋑ MERCOSUR（メルコスール）　㋒ ASEAN（アセアン）

㋓ EU　　　　㋔ USMCA　　　㋕ AU

(2020年7月現在)

A（　　　　）　　B（　　　　）

C（　　　　）　　D（　　　　）　E（　　　　）　F（　　　　）

② A の多くの加盟国が導入している共通通貨を何といいますか。

③ D の多くの国が参加している，環太平洋地域で，貿易の自由化などを目指して
調印された協定を何といいますか。

□ ❷ 地図 II を見て，次の問いに答えなさい。

① 地図 II は世界をある指標で表したものです。
この図で表されている南北問題とはどのよ
うな問題か，「北半球」「南半球」という言
葉を用いて簡潔に答えなさい。

地図 II

（　　　　　　　　　　　　　　　　　）

② 地図 II の中から，近年経済発展がめざましいBRICS諸国にあたる国をすべて選びなさい。

（　　　　　　　　　　　　　　　　　　　　　　　　　　　　　　　　　）

【 地球環境問題／資源・エネルギー問題 】

❹ 次の問いに答えなさい。

□ ❶ 右の写真は何という地球環境問題の影響によるものですか。

（　　　　　　　　　　　）

□ ❷ 地球環境問題が話し合われた以下の会議を，古いものから
順に並べかえなさい。　　　　　　　　　　（　　　→　　　→　　　）

㋐ 国連人間環境会議　　㋑ 地球温暖化防止京都会議　　㋒ 国連環境開発会議(地球サミット)

□ ❸ エネルギー問題の説明として正しくないものを，㋐～㋓から選びなさい。（　　　）

㋐ 化石燃料は埋蔵地域にかたよりがあり，採掘できる年数も限られている。

㋑ エネルギー消費量は，中国やインドなどの途上国で急速に増えている。

㋒ 東日本大震災以後，日本のエネルギー供給における原子力発電の割合は激減した。

㋓ 再生可能エネルギーを利用した発電は費用が安く，安定して供給することができる。

🔵ヒント ❸❶①ASEANは東南アジア諸国連合，EUはヨーロッパ連合の略称です。

❌ミスに注意 ❸❶③自由貿易協定をFTA，経済連携協定をEPAといいます。

【 貧困問題／新しい戦争と平和／難民問題 】

❺ 次の問いに答えなさい。

☐ ❶ 右のグラフは，地域別の将来の人口予測を
示しています。これを見て，次の問いに答えなさい。

（「国連世界人口予測」）

① 現在最も人口が多い地域はどこですか。

② これからの人口が最も多く増加していくと予想
される地域はどこですか。

☐ ❷ 貧困問題解決のため，貧しい人に少額のお金を
貸し出して事業の立ち上げを支援する取り組みが行われています。これを何といいますか。

☐ ❸ 核軍縮を進める条約の一つである核拡散防止条約の内容として正しいものを，
㋐〜㋑から選びなさい。

㋐ すべての国が核兵器を持つことを禁止する。

㋑ 新たな核兵器をつくることを禁止する。

㋒ 核兵器による実験をすることを禁止する。

㋑ 核兵器を保有する国以外が新たに核兵器を持つことを禁止する。

☐ ❹ 難民問題解決のために1950年に設立された国連難民高等弁務官事務所の略称を，
㋐〜㋑から選びなさい。

㋐ UNICEF   ㋑ UNHCR   ㋒ UNESCO   ㋑ UNEP

【 日本の国際貢献／多様性の尊重／持続可能な社会を目指して 】

❻ 次の問いに答えなさい。

☐ ❶ 右のグラフは主な先進国の政府開発援助（ODA）を
示しています。日本とアメリカに共通する特徴を，
他国と比較した上で簡潔に答えなさい。

（「開発協力白書」2017年版ほか）
[2016年]

☐ ❷ 世界遺産の登録を行っている国際連合の機関を，㋐〜㋑から選びなさい。

㋐ UNICEF   ㋑ UNHCR   ㋒ UNESCO   ㋑ UNEP

☐ ❸ 現代社会の課題解決のために必要なこととして正しくないものを，㋐〜㋑から選びなさい。

㋐ 正確な情報を得ること。   ㋑ さまざまな人々と協力すること。

㋒ 想像力を働かせること。   ㋑ 自分のためだけに行動すること。

．．．

💡 ヒント ❻❸ 想像力を働かせることでさまざまな課題を「自分事」としてとらえることができます。

✕ ミスに注意 ❺❹ UNはUnited Nationsの略で，これがつくものはすべて国際連合の機関です。

Step 3 予想テスト　第5章 私たちと国際社会　終章 持続可能な社会を目指して

30分　／100点　目標 70点

❶ 次の三つの資料を見て，問いに答えなさい。

□ **❶** 資料Ⅰは，国際連合を運営するための分担金の比率を示しています。この資料について述べた文として正しいものを，⑦～⑰から選びなさい。技

　⑦ どの国も，負担の割合は等しくなっている。

　⑦ 上位5か国の割合は，全体の約半分を占めている。

　⑦ 上位5か国は，安全保障理事会の常任理事国である。

　⑦ 上位10か国は，ユーラシア大陸にある国である。

資料Ⅰ

[2020年]　その他 28.7　アメリカ 22.0%　韓国 2.3　ロシア 2.4　カナダ 2.7　ブラジル　イタリア　フランス 2.9 3.3 4.4 4.6 6.1　イギリス　ドイツ　中国 12.0　日本 8.6　総額 28.7億ドル　（国連資料）

□ **❷** 日本の領土について，次の問いに答えなさい。

　① 資料Ⅱは，日本の最南端にある沖ノ鳥島の一部です。現在，護岸工事に加え，港の建設が進められている理由を簡潔に答えなさい。思

　② 日本の最北端にあたる領土を，現在実効支配している国はどこですか。

資料Ⅱ

□ **❸** 資料Ⅲを見て，次の問いに答えなさい。

　① 資料Ⅲにある日本とアメリカ以外の国は，2000年代に急速に経済成長した国です。これらの五つの国を合わせて何といいますか。技

　② 資料Ⅲの日本とアメリカがどちらも参加している地域組織を⑦～⑰から選びなさい。

　⑦ USMCA　⑦ APEC　⑦ TPP11協定　⑦ ASEAN

資料Ⅲ

中国　インド　南アフリカ共和国　ブラジル　アメリカ　日本　ロシア　1995 2000 05 10 15 16年

↑主な国の経済成長率の推移

（世界銀行資料）

❷ 次の問いに答えなさい。

□ **❶** 次の文中の（　）にあてはまる語句を漢字2字でそれぞれ答えなさい。

　世界の人口のうち約10%（2015年現在）は，1日あたり1.9ドル未満で生きる（　A　）の状態にあり，発展途上国を中心に約8億人（2014〜16年現在）は，栄養不足である（　B　）状態である。

□ **❷** 紛争問題や難民問題についての説明として正しいものを，⑦～⑰から選びなさい。

　⑦ 各国政府の平和への取り組みによって，テロリズムは減少している。

　⑦ 核拡散防止条約が結ばれて以降，核保有国以外で核開発を進めている国はない。

　⑦ 近年，ヨーロッパを追われた難民を中東諸国が受け入れる流れが加速している。

　⑦ UNHCRは難民を保護するだけでなく，教育支援や職業訓練なども行っている。

□ **❸** 現代の国際社会における，一人一人の人間の生命・人権を大切にしようという考え方を何といいますか。

❸ 次の二つの資料を見て，問いに答えなさい。 ❶ 10点，他各 5 点

□ ❶ 資料Ⅰは世界の二酸化炭素排出量の割合を
示しています。これを見て，次の問いに答えなさい。

① 二酸化炭素など地球温暖化の原因となっている
気体の総称を何といいますか。

② 1997年に日本で開催された会議で採択された，先進国
に①の排出削減を義務付けた議定書を何といいますか。

③ ②においては，資料Ⅰ中Aの国やインドなどの途上国と，
Bの国などの先進国との対立が課題となり，Bの国は②から離脱する結果となりました。
先進国がAの国やインドに対して不満を持った理由について，
次の文の（　　）にあてはまる内容を，簡潔に答えなさい。 思
Aの国やインドなどの途上国は①の排出量が増加しているにもかかわらず（　　　）から。

④ 資料Ⅰ中A・Bにあてはまる国をそれぞれ答えなさい。 技

⑤ 産業革命前からの気温上昇を地球全体で 2 度未満に抑えることを目標として
2015年に採択された協定は何ですか。

資料Ⅰ
[2015年]
（「エネルギー・経済統計要覧」2018年版）
A 28.4%
B 15.4
EU 9.7
インド 6.4
ロシア 4.8
日本 3.5
韓国 1.8
その他 30.0
世界計 329.1億t

□ ❷ 資料Ⅱは，日本のエネルギー供給割合の推移を
示しています。これを見て，次の問いに答えなさい。

① 資料Ⅱの説明として正しいものを，
㋐～㋓から選びなさい。 技
㋐ エネルギー総供給量は，年々増加している。
㋑ 再生可能エネルギーの割合が近年増加している。
㋒ 高度経済成長期，原子力発電の割合が急増した。
㋓ 火力発電の割合が最も高いのは，2016年である。

資料Ⅱ

（総供給量:10¹⁸J）天然ガス 0.9 太陽光・風力・地熱など 4.6
（「総合エネルギー統計」）

	石油	石炭	水力	原子力	その他
1960年(422)	石油 37.6%	石炭 41.2	15.7		
1970年(1242)	69.9	21.3	6.0	1.3 0.4 1.1	
1980年(1592)	64.6	17.6	6.4 4.9 5.4	原子力 1.1	
1990年(1966)	56.0	16.8	10.7 9.6	4.2 2.7	
2000年(2276)	49.0	18.5	13.8 12.6	3.4 2.7	
2010年(2207)	40.0	22.6	19.2 11.3	3.2 3.7	
2016年(1984)	39.7	25.4	23.8 7.0	0.8 3.3	

0　20　40　60　80　100%

② 2011年に起こった東日本大震災が，日本のエネルギー政策に与えた影響について述べた
次の文の（　　）にあてはまる語句を，資料Ⅱ中から選んで答えなさい。
（　　　）発電の安全性が問題視され，（　　　）によるエネルギー供給量が激減した。

③ 資源やエネルギー問題に取り組むことで解決につながる問題を，㋐～㋓から選びなさい。
㋐ 難民問題　　㋑ 情報格差問題　　㋒ 地球環境問題　　㋓ 宗教間の対立の問題

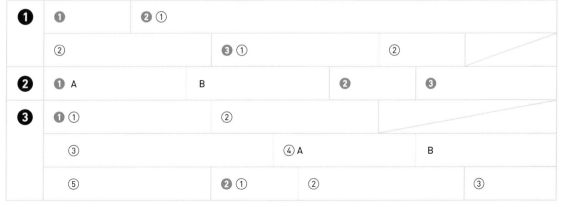

❶	❶		❷ ①			
	②		❸ ①		②	
❷	❶ A	B		❷	❸	
❸	❶ ①		②			
	③		④ A		B	
	⑤		❷ ①	②		③

❶ ／30点　❷ ／20点　❸ ／50点

第5章・終章

テスト前 ☑ やることチェック表

① まずはテストの目標をたてよう。頑張ったら達成できそうなちょっと上のレベルを目指そう。
② 次にやることを書こう（「ズバリ英語〇ページ，数学〇ページ」など）。
③ やり終えたら□に✓を入れよう。
　最初に完ぺきな計画をたてる必要はなく，まずは数日分の計画をつくって，
　その後追加・修正していっても良いね。

目標

	日付	やること1	やること2
2週間前	／	☐	☐
	／	☐	☐
	／	☐	☐
	／	☐	☐
	／	☐	☐
	／	☐	☐
	／	☐	☐
1週間前	／	☐	☐
	／	☐	☐
	／	☐	☐
	／	☐	☐
	／	☐	☐
	／	☐	☐
	／	☐	☐
テスト期間	／	☐	☐
	／	☐	☐
	／	☐	☐
	／	☐	☐
	／	☐	☐

キリトリ線

社会公民 全教科書版

QRコードのページに登録すると，「ぴたリンク」からも表をダウンロードできるよ

テスト前 ☑ やること チェック表

① まずはテストの目標をたてよう。頑張ったら達成できそうなちょっと上のレベルを目指そう。
② 次にやることを書こう（「ズバリ英語〇ページ，数学〇ページ」など）。
③ やり終えたら□に✔を入れよう。
　最初に完ぺきな計画をたてる必要はなく，まずは数日分の計画をつくって，
　その後追加・修正していっても良いね。

目標

	日付	やること1	やること2
2週間前	／	☐	☐
	／	☐	☐
	／	☐	☐
	／	☐	☐
	／	☐	☐
	／	☐	☐
	／	☐	☐
1週間前	／	☐	☐
	／	☐	☐
	／	☐	☐
	／	☐	☐
	／	☐	☐
	／	☐	☐
	／	☐	☐
テスト期間	／	☐	☐
	／	☐	☐
	／	☐	☐
	／	☐	☐
	／	☐	☐

全教科書版 社会公民 | 定期テスト　ズバリよくでる | 解答集

第1章 現代社会と私たち

p.2　Step ❶

❶ 社会参画　❷ グローバル化
❸ 国際分業（国際的な分業）　❹ 食料自給率
❺ 少子高齢化　❻ 情報化　❼ 情報モラル
❽ 伝統文化　❾ 多文化共生
❿ 社会集団　⓫ 公正

p.3-5　Step ❷

❶ ❶ ㋤　❷ 社会参画
❷ ❶ a ア　b イ　c イ
　❷ 多文化共生社会
　❸ 1980年 韓国・朝鮮　2017年 中国
　❹ 国際協力（国際的な協力）
❸ ❶ イ
　❷ 例 0〜14歳の人口が少なく，
　　65歳以上の人口が多いから。
　❸ 合計特殊出生率　❹ ㋤
❹ ❶ ㋐　❷ 人工知能（AI）　❸ 電子マネー
❺ ❶ 宗教　❷ ① ㋒　② 年中行事
　❸ 伝統文化
❻ ❶ ① 決まり（ルール）　② 責任
　❷ ① 多数決
　　② 例 決定に時間がかかることがある。

考え方

❶ ❶ 持続可能性の視点では，現代の世代だけで
なく将来の世代にも配慮する必要がある。
　❷ 持続可能な社会の実現を目指すためには，
多くの人の社会参画が必要である。
❷ ❶ a b c えびの自給率は4％と最も低く，小麦
と大豆の半分以上はアメリカから輸入して
いる。天ぷらそばの材料のうち国産品は半
分もないため，食料自給率は低いといえる。
　❷ 近年は，多文化共生に配慮して，標識や案
内板に外国語の表記があるものもある。
　❸ 日本で暮らす外国人は韓国・朝鮮の人が多
かったが，近年は中国の人も増えている。

❹ グローバル化で一国の問題が他国に影響を
与える現代では，国際協力が欠かせない。
❸ ❶ ❷ 現代は少子高齢社会のため，イが正解。
「0〜14歳」の子どもの数が少なく，「65
歳以上」の高齢者の数が多いことが書けて
いれば正解。
　❸ 合計特殊出生率が2以下の場合，人口は減
少に転じることになる。
　❹ 1950年の男性の平均寿命は50歳代後半であ
るため，2017年の81.09歳はおよそ20年長く
なったといえる。
❹ ❶ インターネットによりたくさんの情報を入
手したり共有したりできるようになったが，
インターネット上の情報は不正確なものも
多いので，注意が必要である。
　❷ AIはArtificial Intelligenceの略。
　❸ 電子マネーとは，お金を電子化してカード
やスマートフォンなどにお金としての機能
をもたせたもの。また，その決済手段のこと。
❺ ❶ 宗教は，不安を感じている人々に安心をも
たらす一方で，日常生活や政治に大きな影
響を与えるものもあり，地域や国同士の争
いの原因になることもある。
　❷ ① ㋐は七夕で毎年7月，㋑は花祭りで毎年
4月，㋤はお盆で毎年7〜8月に行われる。
② 年中行事は伝統文化の一つである。
　❸ 能や歌舞伎，和太鼓のような芸術だけでなく，
年中行事や更衣，神社の祭りなども伝統文
化である。
❻ ❶ ① ② 人はそれぞれ考え方がちがうため，常
に対立が生じる。社会集団においては，こ
の対立を防ぐために決まりを作っている。
決まりによってたがいの権利が尊重され，
保障されるため，私たちはこの決まりを守
る責任と義務がある。
　❷ ① 全会一致は，意見が割れる場合決定に時
間がかかる。そのため現代では多数決で物
事を決めることが多い。②は物事がなかな
か決まらないことが書かれていれば正解。

p.6-7 **Step ❸**

❶ ① 情報リテラシー　② ① 米　② 果実

③ ① ㋐

② 例 <u>医学の発達によって，平均寿命</u>（じゅみょう）<u>がのび</u>
たから。

④ ① 核家族（かく）　② 単独世帯（しんさい）

⑤ 東日本大震災（しんさい）

❷ ① 伝統文化　② ① ㋒　② ㋐　③ ㋔

③ 例 あとをつぐ若い人が減ったから。

④ 例 ものを大切にする。（ものを無駄（むだ）にしな
い。）

⑤ ダイバーシティ

❸ ① 責任　② A イ　B イ　C ア

③ 例 （全会一致（いっち）では，一人が反対しただけで
決定できず，）決定に時間がかかることがあ
るから。

考え方

❶ ① インターネットなどを通じてもたらされる
さまざまな情報には，正しいものも誤（あやま）って
いるものもふくまれているので注意が必要。
そのため，情報を正しく活用できるような
情報リテラシーを習得する必要がある。また，
同時に情報を正しく利用していく態度とし
て情報モラルも重要である。

② ① 米は日本の主食になっているため，どの
年度であっても自給率は高い水準にある。
② 食料全体で輸入量が増えているため，い
ずれの品目も自給率が低下傾向にあるが，
特に果実が大きく減少している。

③ ① 少子高齢化（こうれい）が進むと，社会保障の負担が
増えたり，過疎（かそ）が進行して社会生活の維持（いじ）
が困難になる地域が増えたりする。また，
出生数（しゅっしょう）が減少して死亡数より低くなると，
人口が減少していく問題が起きる。
② 先進国では医学が発達しているため国民
が長生きできるようになり，平均寿命がの
びる，ということが書けていれば正解。

④ ① 日本では，かつて祖父母（そふぼ）と父母，子ども
からなる三世代世帯が多かったが，第二次
世界大戦後減少し，代わって親と子ども，
もしくは夫婦だけの核家族世帯が増加した。

② 一人で暮らす単独世帯の割合が最も多い
近年は，中でも一人暮らしの高齢者（こうれい）を地域
でどのように支えるか，という課題がある。

⑤ 東日本大震災の発生は，ハザードマップの
作成や，原子力発電のありかたなどを考え
るきっかけとなった。

❷ ① 能（のう）や歌舞伎（かぶき）など専門家が受けつぐ文化だけ
でなく，衣食住や冠婚葬祭（かんこんそうさい）など，人々に受
けつがれてきた生活文化もふくまれる。

② ① 端午（たんご）の節句では，毎年5月に，こいのぼ
りやかぶとを飾る風習が見られる。② 先祖
を供養するお盆（盂蘭盆会（うらぼんえ））は，7月・8
月に地域ごとにさまざまな様式で行われる
行事。盆踊りなどもその一つ。③ 節分は毎
年2月に行われる。

③ あとをつぐ人が減った（いない）というこ
が書けていれば正解。少子化や高齢化が進み，
文化の継承が難しい地域も増えてきたこと
から，文化財保護法によって文化財を守る
動きが進められている。

④ 日本人の価値観を表す「もったいない」と
いう言葉が世界で評価されたことは，無形
文化遺産の和食やアニメなどとともに，日
本の文化が世界に広がっている一例である。

⑤ ダイバーシティ（多様性）には，国籍や文
化だけでなく，障がいの有無や性別，年代
などのちがいを認め合うこともふくまれる。

❸ ① 決まり（ルール）は，人と人や国と国の間
で起きる対立を調整し，トラブルを未然に
防いだり，解決したりする効力を持つ。決
まり（ルール）には人間同士の秩序（ちつじょ）を保つ
働きがあるため，合意した決まりは守らな
ければならないという責任が生じる。

② 効率とは無駄（むだ）をなくすこと，公正とは不当
にあつかわれる人や物がないことである。
効率は，だれかの満足が損なわれることなく，
全体の満足を増やすことである。公正は，
一人一人の状況に応じて，特定の人が正当
な理由なく，不利なあつかいを受けないよ
うにすることである。

③ 決定に時間がかかることが書けていれば正
解。全会一致は一人が反対すると採決（さいけつ）でき
ないため，多数決で物事を決めることが多い。

第2章 個人の尊重と日本国憲法①

p.8 **Step ❶**

❶ 政治　❷ 民主政治　❸ 法の支配

❹ 大日本帝国憲法　❺ 立憲主義　❻ 国事行為

❼ 非核三原則　❽ 法の下の平等

❾ アイヌ施策推進（民族支援）法

❿ 男女雇用機会均等法

⓫ 男女共同参画社会基本法

⓬ ユニバーサルデザイン

p.9-11 **Step ❷**

❶ ❶ リンカーン　❷ 民主政治　❸ 多数決の原理
　❹ 少数意見の尊重

❷ ❶ ① 基本的人権　② 永久　③ 法律
　　④ 自由　⑤ 権利
　❷ Ⅳ　❸ Ⅲ　❹ Ⅱ→Ⅳ→Ⅰ→Ⅲ

❸ ❶ 1947年5月3日
　❷ 国民主権・基本的人権の尊重・平和主義（順不同）
　❸ ① 象徴　② 国事行為
　❹ 例 法の中で最も上位に位置しているから。

❹ ❶ 第9条　❷ 自衛隊
　❸ 日米安全保障条約　❹ 米軍基地
　❺ 核兵器を 持たず，作らず，持ちこませず

❺ ❶ A 法の下　B 門地
　❷ 児童（子ども）の権利条約
　❸ 部落差別解消推進法
　❹ 男女共同参画社会基本法
　❺ アイヌ民族
　❻ ① 例 他国に比べて著しく低い。
　　② イ

考え方

❶ ❶ 図Ⅰは，アメリカで起きた南北戦争中にリンカーン大統領が行った演説の様子。
　❷ 国民が主権を持ち，国民全体のために政治を行う考え方を民主主義といい，民主主義に基づいて行われる政治を民主政治という。
　❸❹ 多数決でものごとを決める際には，少数意見に耳を傾けることが重要である。

❷ ❶ ①～⑤ **資料Ⅰ**は日本国憲法で，基本的人権を永久の権利として定めている。**資料Ⅱ**は大日本帝国憲法で，人権は法律の範囲内でのみ認められるとしている。**資料Ⅲ**は世界人権宣言で，あらゆる人と国が人権保障を達成すべきであることを宣言したもの。**資料Ⅳ**はワイマール憲法。
　❷ 世界で初めて社会権を認めたのはワイマール憲法で，**資料Ⅳ**。
　❸ 1948年に国際連合で採択されたのは**資料Ⅲ**の世界人権宣言である。
　❹ 大日本帝国憲法（1889年）→ワイマール憲法（1919年）→日本国憲法（1946年）→世界人権宣言（1948年）の順。

❸ ❶ 日本国憲法が公布されたのは1946年11月3日，施行されたのは1947年5月3日である。公布は広く国民に知らせること，施行は実際にその法が効力を持つことである。現在では，11月3日は文化の日，5月3日は憲法記念日とされ，ともに祝日となっている。
　❷ 日本国憲法の三つの基本原則とは，政治の最終的なことを決める権限が国民にあるという国民主権，二度と戦争をしないという平和主義，人権を永久不可侵のものとして認める基本的人権の尊重である。
　❸ ① 象徴とは，抽象的なものを具体的な何かで示すことである。
　　② 国事行為は，内閣の助言と承認の下に行うと，日本国憲法第7条に定められている。
　❹ 最高法規，または法の中で最上位ということが書けていれば正解。日本国憲法は，最高法規であることから改正の条件を厳しくして，慎重に検討できるようにしている。

❹ ❶ 平和主義の理念に加え，軍隊の不保持や交戦権の否認などが掲げられている。
　❷ 朝鮮戦争の際に設立された警察予備隊が1952年に保安隊と改組され，1954年に現在の自衛隊となった。政府は自衛隊について，憲法第9条でいう「戦力」にはあたらず，憲法は「自衛のための必要最小限度の実力」を持つことを禁止していないと説明している。

3

❸ 日本への米軍駐留を認めた1951年の日米安全保障条約は，1960年に新安保条約に発展し，日本の領域が他国から攻撃を受けた際には日米が共同で対処する，と定められた。

❹ 沖縄は第二次世界大戦後アメリカの統治下におかれ，1972年に沖縄県として日本に復帰した後も，基地をはじめとするアメリカ軍施設が多く残り続けている。

❺ 世界で唯一の被爆国である日本が主張すべきだとして，佐藤栄作首相が提起した。

❺ ❶ ＡＢ この第14条で日本国憲法は平等権を保障している。門地とは家柄のこと。

❷ 日本は児童（子ども）の権利条約について，1994年に批准し，国として子どもの利益に配慮してその権利を守っていくとしている。

❸ 被差別部落とは，江戸時代にえた身分，ひにん身分として差別されていた人々の居住地域を指す。この地域の出身者に対する差別を部落差別といい，同和問題ともいう。部落差別解消推進法では，国や地方公共団体に部落差別解消の責務を定めている。

❹ 男女共同参画社会とは，職場や家庭，地域など社会のあらゆる分野で男女が対等に活動に参加する機会を保障し，共に責任を担う社会のこと。これを実現するために国や地方公共団体，国民が果たすべき役割を定めたのが男女共同参画社会基本法である。

❺ 2008年に国会で「アイヌ民族を先住民族とすることを求める決議」が行われ，2019年のアイヌ施策推進（民族支援）法で初めて先住民族と明記されたが，アイヌの権利についてふれていないため，この法律を疑問視する声もある。

❻ ① 日本の女性国会議員の割合は193か国中158位であり，世界的に見て非常に低い。他国よりもとても低い，という点が書けていれば正解。

② 資料Ⅱから読み取れることをもとに考えよう。㋐子どもを産む数については資料には示されていない。㋑男性と比べ，女性の家事の負担は大きい。㋒1996年以降女性の育児時間は増え続けている。

---

p.12-13 Step ❸

❶ ❶㋒ ❷① 民主政治 ② 個人の尊重
❷ ❶ 組織 内閣 記号 ㋑
  ❷① ㋑ ② 集団的自衛権
  ❸① 3分の2以上 ② 過半数
❸ ❶ ロック ❷ 法の支配
❹ ❶㋐ ❷① 性別
    ② アイヌ施策推進（民族支援）法
  ❸ バリアフリー ❹ 男女雇用機会均等法
  ❺㋒

考え方

❶ ❶ 資料は，フランス革命前のフランスの様子で，一部の人がほかの人を踏み台にしている様子が描かれたものである。

❷①② 国民に政治のことを決める最終権限があり，その国民によって政治が行われることを民主政治という。民主政治には，国民の基本的人権が守られ，個人として尊重されるべきとする日本国憲法第13条の考え方が欠かせない。

❷ ❶ ㋐は国会の仕事。㋒は国民が行う。天皇は内閣総理大臣，最高裁判所長官を任命する。㋓は内閣総理大臣が行う。

❷① 自衛隊は近年，国際平和協力法（PKO協力法）に基づいてカンボジアや東ティモールなどでの国際連合の平和維持活動（PKO）に参加している。
  ② 政府は，集団的自衛権は認めない立場をとっていたが，2014年に限定的ではあるが使用できると考え方を変更した。

❸①② 憲法改正には，国民に改正案を示す憲法改正の発議が必要となる。発議をするには国会に提出された改正案が衆参両院で総議員の3分の2以上の賛成を得なければならない。憲法改正の発議が行われると，国民投票が実施され，有効投票の過半数の賛成で初めて憲法が改正される。

❸ ❶ ロックは著書「統治二論」の中で，不法な権力に対する抵抗権を認めた。

❷ 法の支配は，国民が法を制定し，法によって政治権力が制限されるということである。このような考え方を立憲主義という。

❹ ❶ 世界人権宣言は，各国の人権保障の模範となるもの。これに基づいて，1966年に強制力のある国際人権規約が国際連合で採択された。

❷① 日本国憲法第14条は，性別や家柄に基づく差別を禁止する，平等権の根幹となる条文である。
② 1997年に制定されたアイヌ文化振興法にかわって，アイヌ施策推進（民族支援）法が制定された。

❸ バリアとは「障壁」の意味で，バリアフリーとは高齢者や障がい者が生活する上で障壁となるあらゆるものを取り除くことを指す。

❹ 国際連合における女子差別撤廃条約の採択を受けて，1985年に制定された。この他にも，育児・介護休業法など，男女共同参画社会を目指しさまざまな法律が制定されている。

❺ ㋐ 明治時代に制定された「解放令」でも部落差別の完全な解消には至らず，差別は続いている。㋑育児・介護休業法は男女ともに適用されているが，現在でも男性の取得率は低水準のままである。㋒在日外国人は朝鮮・中国の人々が多いが，現在は中南米や東南アジアなど，様々な地域の在日外国人が日本に暮らしている。こうした人々とのちがいをのりこえ，ともにくらしていこうとする考え方を多文化共生という。

第2章 個人の尊重と日本国憲法②

p.14 **Step ❶**
① 精神の自由　② 経済活動の自由
③ 社会権　④ 生存権　⑤ 教育を受ける権利
⑥ 労働基本権　⑦ 参政権　⑧ 被選挙権
⑨ 裁判を受ける権利　⑩ 公共の福祉
⑪ 納税の義務　⑫ 環境権　⑬ 自己決定権
⑭ 知る権利　⑮ プライバシーの権利
⑯ 個人情報保護制度　⑰ 国際人権規約

p.15-17 **Step ❷**
❶ ❶㋑・㋙（順不同）
　❷① A 健康　B 最低限度　② 生活保護
　　③ 教育基本法　④ ㋑
　❸ 児童（子ども）の権利条約
❷ ❶ ㋒　❷① 裁判　② ㋑
❸ ❶① A 不断の努力　B 公共の福祉
　② 例 表現することで他者を傷つける可能性があるとき。
　❷ 普通教育を受けさせる義務
❹ ❶① 知る権利　② ㋒　❷ ㋐
　❸ 例 病気にかかる可能性のある子を産まないなど，命の選別が進む危険がある。
❺ ❶① 国際連合
　② A 世界人権　B 国際人権　③ ㋐
　❷ NGO

[考え方]

❶ ❶㋐㋒ は思想・良心の自由や表現の自由など，精神の自由の一つ。㋓手続きなしに逮捕されないのは，身体の自由の一つ。

❷①② 社会権は，20世紀に入ってから認められるようになった人権である。日本国憲法第25条では，そのうちの生存権について定められており，その内容を確保するために，社会保障制度が規定されている。
③ 教育基本法では，学校教育を通して子どもが生きる力を身に付けられるように，義務教育を無償としている。
④ 労働三権は㋐の団体行動権，㋑の団体交渉権，㋒の団結権で構成されている。

❸ 児童（子ども）の権利条約の批准を受けて，日本では2016年に児童福祉法が改正された。

❷❶ 2016年から選挙権は満18歳以上のすべての日本国民に認められており，これは国会議員選挙であっても地方議会議員選挙であっても変わらない。また，国会議員を選ぶ選挙については，外国に住んでいても，外国に住んでいるという登録を行うなど一定の条件を満たしていれば，投票できる仕組みが作られている。

❷① 日本国憲法第32条に「何人（なにびと）も，裁判所において裁判を受ける権利を奪（うば）われない」と定められている。
② 例えば，有罪判決が一回出されたのちに，無罪であったことがわかるえん罪などで，有罪判決を受けた人がその期間の補償（ほしょう）を求める権利のことを刑事補償請求（せいきゅう）権という。⑦は国家賠償（ばいしょう）請求権である。

❸❶① 「公共の福祉（ふくし）」とは，社会全体の利益を意味している。
② 公共の福祉を守るためには，「相手を傷つける表現をする」という自由は制限されるということが書けていれば正解。この他にも，財産権など経済活動の自由は公共の福祉による制限を受けやすいといわれている。
❷ 子どもが教育を受けるのは「権利」であるが，保護者が子どもに教育を受けさせるのは「義務」である。

❹❶① 新しい人権として知る権利が認められるようになったのは，国民が主権者として政治に参加するときに，さまざまな情報を手に入れることによって，政治が正しく行われているかどうか判断するためである。
② 行政機関に対して，行政文書の原則公開を義務付けた法律である。
❷ 臓器提供意思表示カードは，死後の臓器提供について，自分の意思を表示しておくことができるカードである。

③ 命の選別（せんべつ）が進む可能性があることが書けていれば正解。出生前診断（しゅっしょう しんだん）のような遺伝子診断は，さまざまな病気の有無を調べることができるが，その結果によって差別やプライバシーの問題を生む可能性があるため，慎重（しんちょう）さが必要だと考えられている。

❺❶①② 世界人権宣言は1948年に，国際人権規約は1966年に国際連合によってそれぞれ採択された。
③ 国際人権規約は強制力を持ち，日本は1979年に批准した。
❷ 国境を越えて活躍（かつやく）する民間の非営利（えいり）団体で，非政府組織ともいわれる。

p.18-19　**Step ❸**

❶❶ ㋔　❷ ㋑
❸ A 普通教育を受けさせる義務（ふつう）　B 義務教育
❹ 納税の義務　❺ 団体行動権
❻① ㋔　② 請願権（せいがん）　❼ 刑事補償請求権（ほしょう）
❷❶ 国際人権規約　❷ ㋔
❸ 死刑廃止条約（しけいはいし）
❸❶① ㋑　② ㋐
③ 例 インターネット上に個人情報を公開される。
❷ 国連人権理事会

[考え方]

❶❶ ワイマール憲法は，第一次世界大戦後のドイツで制定された憲法。
❷ ㋐ 支給額は1980年代半ばから1990年度にかけて一度減っているが，その後は増加し続けている。㋒支給額が1兆円を超えたのは1970年代後半で，1970年度の支給額は5000億円以下である。グラフの左にある支給額の単位が10億円であることを確認しよう。500の目盛りは5000億円をあらわしている。㋑2000年度の支給額はおよそ2兆円で，2015年度は3兆7127億円なので，およそ1兆7000億円の増加である。
❸ 普通教育を受けさせる義務は，子どもが教育を受ける権利を保障するために日本国憲法第26条で定められている。

❹ 日本国憲法で定められた義務が三つだけなのは、憲法が国民の人権を保障するものだからである。

❺ 労働三権のうち、ストライキを行うのは団体行動権である。あとの二つは、団結権と団体交渉権である。

❻ ① 裁判を受ける権利は請求権の一つである。② 請願権は参政権の一つ。外国人でも日本に住んでいれば、国や地方公共団体に希望や苦情を申し立てることができる。

❼ 有罪とされたのちに無罪となったという説明から、刑事補償請求権のことであるとわかる。

❷❶ 国際人権規約を日本が批准したのは1979年である。

❷ 女子差別撤廃条約を受けて制定されたのは男女雇用機会均等法であるが、1991年には④育児・介護休業法、1999年に⑦男女共同参画社会基本法が制定され、男女がともに対等な立場で活躍する社会を創ることが求められている。⑦は今もなお続く部落差別を解消するために2016年に制定された。

❸ 日本はまだ刑事罰としての死刑が残っているため、死刑廃止条約は批准していない。

❸❶ ① 階段状になっているマンションは、北側に向けて建物が低くなるように建てられており、マンションの北側にある住宅の日光をさえぎらないようにしている。環境権の一つである日照権に配慮して建てられているものである。

② 自己決定権とは、自分のことは自分で決める権利。社会が発達し、多様な生き方が認められるようになってきた中で主張されるようになった。インフォームド・コンセントとは、手術を受けるときなどに、患者が十分な説明を受けて、自分で治療方針などに納得したうえで同意すること。

❷ 国連人権理事会は、2006年に作られた、国際連合の組織である。

第3章 現代の民主政治と社会①

p.20 **Step ❶**

❶ 権力分立　❷ 直接民主制
❸ 間接民主制（議会制民主主義）
❹ 多数決の原理　❺ 少数意見の尊重
❻ 選挙　❼ 普通選挙　❽ 秘密選挙
❾ 小選挙区制　❿ 小選挙区比例代表並立制
⓫ 政党　⓬ 与党　⓭ 連立政権
⓮ （政権）公約　⓯ 世論（よろん）　⓰ 一票の格差

p.21-23 **Step ❷**

❶❶① 政治
② 例 権力をいくつかに分けてたがいに抑制（よくせい）と均衡（きんこう）をはかる仕組み。
③ 例 三権分立，地方分権から一つ
❷ 民主政治
❸① 直接民主制　②⑦
③ 例 大人数が一か所に集まるのが難しいから。
❷❶⑦　❷⑦
❸① A④　B⑦　C⑦
② 小選挙区比例代表並立制
❸① 与党　② 連立政権　③ ⑦　④ （政権）公約
❹① ④　② メディアリテラシー
❺① ④　② 期日前投票　③ 法の下（もと）の平等

考え方

❶❶ 政治を行うには権力が必要であるが、権力が集中すると図中Bのように人々の自由や権利が侵害される恐れがある。そのため、権力をいくつかに分け、たがいに監視し、行き過ぎを防ぐのが権力分立の考え方である。三権分立や地方分権はその例である。

❷ 民主政治は国民全体のために行われる政治であるため、みんなで話し合って政治を進めていく。

❸①② 直接民主制はスイスの一部の州などで現在も採用されているが、大勢の人を一か所に集めることや、複雑な出来事について採決するのが難しいという問題点がある。

③ 大人数という語句を用いて，集まるのが難しいことが書けていれば正解。物事を決めづらいことまで書かれていてもよい。

❷❶ 財産選挙とは，納税額など財産による制限がある選挙のこと。1925年以前の日本では，直接国税を納める額による制限があった。

❷ ⑦は大選挙区制，⑦は比例代表制についての説明である。

❸① A 衆議院議員総選挙は，小選挙区制では全国を289の地区に分けて，各選挙区から一人を選出している。BC比例代表制では，全国を11に分けて，それぞれのブロックで各政党が得票に応じて議席を分けている。
② 大政党の候補者が当選しやすい小選挙区制と，少数意見が反映されやすい比例代表制を組み合わせた選挙制度である。

❸❶ 一般的に，議会の選挙で最大の議席を獲得した政党の党首を中心として内閣が作られ，内閣を組織するのに加わった政党を与党と呼ぶ。与党以外の政党は野党となる。

❷ 1990年以降，日本の与党はほとんどの場合，複数の政党で連立政権を作っている。

❸ 第二次世界大戦後，日本では長い期間自民党のみによる政権が続いていたが，1990年代から政権交代がたびたびおきている。⑦1998年に自由民主党の単独政権が誕生している。⑦日本共産党はこれまで一度も政権を担当したことがない。⑦2009年から民主党を中心にした政権となり，自民党は政権を担当していなかった。

❹ 有権者は政権公約を見て，どの党や候補者に投票するかを決めることができる。

❹❶ 資料の社説に「現憲法のどこに具体的で差し迫った不具合があるのか」とあることから，憲法改正に否定的な主張であることを読み取ろう。また，現憲法の基本原則によって日本は平和を達成できた，とあるので⑦，⑦はあてはまらない。新時代を生きる国民に「頭の切りかえ」を求めたのは，日本国憲法が制定されたときのことであり，現在のことではないので，この社説で⑨のように考える人は増えない。

❷ マスメディアだけでなく，インターネットなども含め，伝えられる情報についてはそのまま受け取るのではなく，なぜそのような報道がなされるのか，ということを考えることが重要である。

❺❶ ⑦ 18歳選挙権開始後も，投票率にほとんど変化はない。⑦参議院議員選挙の投票率が最も低かったのは1990年代である。⑦1946年以降，ほとんどの年代で衆議院選挙の投票率の方が参議院選挙を上回っている。

❷ 投票日に予定があるなどして投票できない人が，投票日前の都合のよいときに，先に投票しておくことができる制度である。

❸ 一票の格差が大きくなると，一人一票という平等選挙の原則が崩れると考えられる。

p.24-25 **Step ❸**

❶❶① 政治
❷① 例 みんなのことはみんなで決めるという考え。
　② ⑤　③ 間接民主制（議会制民主主義）
　④ 少数意見の尊重
❷❶① 1925年　② 1945年　❷ 普通選挙
　❸① 小選挙区比例代表並立制　② 3
❸❶ A党 4（人）　B党 2（人）
　❷ 連立政権　❸ ⑦
❹❶ 20歳代
　❷ 例 若者の意見が政治に反映されにくくなる。
　❸① 東京 1 区　② 宮城 5 区
　❹ 2.17倍　❺ 公職選挙法

考え方

❶❷① ものごとをみんなで決める，ということが書けていれば正解。
　② ⑤権力が集中すると，人々の自由や権利は侵害される恐れがあり，民主主義は実現できない。
　③ 間接民主制では，国民が選挙で選んだ代表者が話し合い，ものごとを決定する。
　④ 多数決の原理においては，少数の意見に耳を傾け，だれもが納得できる合意が得られるようにすることが重要である。

❷❶①② 財産による制限がなくなったのは，納税額が 0 円になった1925年であり，女性に参政権が認められたのは，有権者が男女となった1945年である。

❷ 一定の年齢をこえた国民すべてに選挙権をあたえることを普通選挙という。選挙の基本原則は，普通選挙と一人一票を持つ平等選挙，無記名で投票する秘密選挙，有権者が立候補者に対して直接投票を行う直接選挙の四つである。

❸①② 衆議院議員総選挙は小選挙区比例代表並立制のため，有権者は小選挙区制で候補者を 1 名，比例代表制で政党を一つ選んで投票する。参議院議員は任期が 6 年のため，3 年ごとに選挙を行い，半数の議員を入れ替えていく仕組みをとっている。選挙制度は，比例代表制と選挙区制を組み合わせている。

❸❶ ドント式の計算方法は，各政党の得票数÷1・2・3…としていき，その商の多い順に議席を配分する。A党の得票数を 1，2，3…で割ると，15000，7500，5000，3750…，B党は10000，5000，3333.3…，C党は5000，2500…，D党は1500…となる。商の多い順に定数 7 の議席を配分すると，A党 4 人，B党 2 人，C党 1 人，D党 0 人となる。

❷ 異なる政党間で意見が一致することは難しく，連立政権は短期間で終わることも多い。

❸ 死票とは，落選した候補者や，議席を得られなかった政党の得票のこと。D党は当選者がいないため，D党の得票は死票となる。死票は，一つの選挙区から一人しか選ばれない小選挙区制で特に多く発生する。

❹❶❷ 高齢者の投票率が高いと政治家は高齢者の要望をよりかなえようとする。相対的に若者の意見が政治に反映されにくくなることが書けていれば正解。現在では若い世代の投票率を上げる工夫も行われている。

❸① 最も多い有権者数の選挙区，**②**最も少ない有権者数の選挙区をそれぞれ選べばよい。

❹ 宮城 5 区が1.00であるのに対し東京 1 区は2.17であることから2.17倍である。

❺ 公職選挙法は，ほかに選挙権や被選挙権の年齢なども定めている。

第 3 章 現代の民主政治と社会②

p.26 **Step ❶**

① 二院制（両院制）　**②** 常会（通常国会）
③ 内閣総理大臣の指名　**④** 弾劾裁判所
⑤ 国務大臣　**⑥** 議院内閣制（責任内閣制）
⑦ 衆議院の解散　**⑧** 公務員　**⑨** 規制緩和
⑩ 三審制　**⑪** 司法権の独立
⑫ 民事裁判　**⑬** 検察官　**⑭** 裁判員制度
⑮ 三権分立　**⑯** 憲法の番人

p.27-29 **Step ❷**

❶❶① 465（人）　② 6（年）　③ 25（歳以上）
❷ A 最高機関　B 立法機関
❸例 審議を慎重に行うため。
❹ 常会（通常国会）
❷❶ ⑦・⑦（順不同）
❷ ⑦→⑦→⑦
❸ 委員会　**❹** 国政調査権
❸❶ ⑦　**❷** ⑦
❸① A 内閣信任・不信任決議　B 衆議院の解散
　　C 内閣総理大臣の指名　D 国会議員
②例 国会議員が選ぶ内閣総理大臣とちがい，大統領は国民が選挙で選んでいるから。
❹❶ 全体の奉仕者　**❷** 行政改革　**❸** ⑦
❺❶ ㋪　**❷** A 控訴　B 上告
❸ ⑦　**❹** ㋪
❻❶ 三権分立　**❷①** オ　② エ　③ ケ　④ ア
❸ 憲法の番人

考え方

❶❶① 465人のうち289人が小選挙区で，176人が全国を11に分けた比例代表で選ばれる。
② 参議院議員の任期が 6 年と長く，解散がないのは，長期的な問題などについて継続的に審議する役割を担っているためである。
③ 衆議院議員の被選挙権は25歳以上で，参議院議員よりも 5 歳若いため，幅広い年齢層の人が議員となることができる。

❷ 日本国憲法第41条は国会の地位を示している。国民の直接選挙で国会議員が選出されることから，国会が政治の中心で，唯一法律を制定できる機関となっている。

❸ 審議を慎重に行えることが書けていれば正解。議院が二つあることで，国民の中にある幅広い意見を取り上げることができる。衆議院の方が任期が短く解散があるため，国民の意見を反映しやすいと考えられていることから衆議院に優越が認められている。一方，参議院は任期が長く解散がないことから，丁寧な議論ができるとされている。

❹ 常会（通常国会）の主な審議内容は次年度の予算編成である。それ以外に，法案の審議なども行われる。会期は150日となっているが，必要に応じて延長されることもある。

❷ ❶ ⑦ 条約の締結と⑦衆議院の解散の決定は，いずれも内閣の仕事である。

❷ 予算は内閣が作成し，衆議院に提出する。予算の審議は衆議院が先に行うことが決められている。衆議院で可決された予算を参議院が30日以内に議決しなかった場合や，両院協議会で意見が一致しなかった場合は衆議院の議決だけで予算が成立する。

❸ 委員会では，専門家などから意見を聞く公聴会が開かれることがある。

❹ 国政調査権は，衆議院と参議院が同じ権限を持ち，政治全般について調べることができる権利である。

❸ ❶ ⑦ 内閣が条約を締結し，国会が承認する。⑦予算の審議と議決を行うのは国会。⑤法律が憲法に違反していないかを審査するのは裁判所。内閣は法に基づいて政治を行う。

❷ 保育所は児童福祉施設として厚生労働省が担当しているが，幼稚園は教育施設なので，文部科学省が担当している。

❸ ① 衆議院から内閣へ内閣信任・不信任決議が行える一方，内閣から衆議院へは解散の決定ができる。また内閣総理大臣は必ず国会議員で，国務大臣の過半数は国会議員でなければならない。このように，内閣が国会の信任によって成立している政治の仕組みを議院内閣制という。

② 内閣総理大臣は国会議員が選ぶのに対し，大統領は国民が直接選ぶことが書けていれば正解。国民に直接選挙で選ばれた大統領は，内閣総理大臣よりも強い権限を持つ。

❹ ❶ 公務員は，行政を実際に担当する人々である。国で働く国家公務員と，地方公共団体で働く地方公務員があり，どちらも一部の人のためではなく社会全体のために働くこと，と日本国憲法に定められている。

❷ 行政とは，内閣のもとで省・庁などの機関が実際に国の政治を行うことをいう。各省庁の人員や財政が増えると，それぞれの組織を優先するなどして非効率や無駄が生じる。これを改善するのが行政改革である。

❸ 規制をなくすことで自由な経済活動を促すのが規制緩和である。価格競争が進むと，⑦安全対策がおろそかになる危険がある。

❺ ❶ 裁判所には最高裁判所と下級裁判所があり，下級裁判所には，高等裁判所，地方裁判所，家庭裁判所，簡易裁判所がある。高等裁判所は全国8か所（札幌市，仙台市，東京，名古屋市，大阪市，広島市，高松市，福岡市）に設置され，地方裁判所や家庭裁判所から控訴された第二審を主に扱う裁判所である。⑦全国で1か所のみに設置されているのは最高裁判所。⑦審理が原則として非公開なのは家庭裁判所で，家事事件や少年事件を扱っている。⑦請求額が140万円以下の民事裁判の第一審を扱うのは簡易裁判所。他に，罰金以下の刑罰にあたる罪の，刑事事件の第一審も扱っている。

❷ 三審制は，一つの訴えにつき3回まで裁判を受けられる制度である。

❸ ⑦ 刑事裁判で訴えられた人は被告人という。被疑者は，罪を犯した「疑いのある人」で，被疑者が起訴されると被告人となる。①黙秘権は基本的人権として保障されている。⑤和解にいたることがあるのは民事裁判。

❹ 裁判員制度は罪の有無に加え，量刑を決めるのも職務内容の一つである。

❻ ❶ 三権分立は，国の権力を司法，行政，立法の三つの機関にわけることで，権力の集中を防ぎ，たがいに行きすぎを抑えている。

❷① 法律の違憲審査は裁判所が法律を制定した国会に対して行う。②弾劾裁判所は裁判官がふさわしくない行為をした場合に辞めさせるかどうかを国会が判断するところ。③内閣不信任を決議できるのは衆議院。④選挙は国民が国会議員を選ぶ。

❸ 最高裁判所が最終決定権を持っていることから，最高裁判所は憲法の番人と呼ばれる。

---

p.30-31　**Step ❸**

❶① A 委員会　B 本会議

② 例 参議院に比べて**任期**が短く，**解散**があるため，国民の意見を反映しやすいから。

③① 常会（通常国会）　②ウ

④① エ　② 規制緩和

❷① 上告　②イ　❸① ア　②ウ

④ 例 まちがった判決を防いで人権を守るため。

❸① B　②イ　❸イ

④ a 10　b 総辞職　c 30　❺ア　❻イ

考え方

❶① 先議・後議それぞれの院の委員会と本会議で審議された後，法律が成立する。

② 衆議院に優越が認められているのは，任期が参議院の6年に対し4年と短く，解散があることで，国民の意見をより反映しているから，という点が書けていれば正解。衆議院の優越が認められる事柄には，予算や法律案の議決，条約の承認などがある。

③① 常会（通常国会）は，毎年1回1月に召集されることとなっており，国会審議の中心となるものである。

② ⑦条約の締結は内閣の仕事。⑦国民は国会を傍聴することができる。テレビなどでも中継されている。⑦国務大臣を任命するのは内閣総理大臣。

④① 縦割り行政とは，規則や個々の権益に行政がしばられて物事に柔軟に対応できず，組織ごとにばらばらに動いている状態のこと。これをなくすのが行政改革。

❷① 三審制において，第一審から第二審に不服を申し立てることを控訴，第二審から第三審に不服を申し立てることを上告という。

② 最高裁判所長官の指名は内閣が行い，任命は天皇が行う。また，最高裁判所裁判官の任命は内閣が行う。

❸① 最高裁判所は全国に1か所，高等裁判所は全国に8か所，地方裁判所と家庭裁判所は各都道府県庁所在地と函館，旭川，釧路の50か所にある。簡易裁判所は全国に438か所ある。

② 裁判員が参加するのは地方裁判所で行われる刑事裁判の第一審のみである。

④ えん罪などのまちがった判決を防ぐことが目的であることが書けていれば正解。一つの事件について裁判の機会を3回設けることで，慎重に裁判を行うことができる。

❸① 行政権を持っているのは内閣。国会は立法権，裁判所は司法権を持っている。

② 国民は，国会議員を選挙し，最高裁判所裁判官を国民審査する。内閣に対して世論を示すだけなのは，議院内閣制で，選挙で選んだ国会議員の中から内閣総理大臣が選ばれているので，その時点で国民の意見が反映されていると考えられるからである。

③ ロックは「統治二論」で抵抗権を，ルソーは「社会契約論」で人民主権を唱えた。リンカーンは第16代アメリカ大統領である。

④ 衆議院で内閣不信任の決議が行われた場合内閣は10日以内に衆議院を解散するか，総辞職しなければならない。

❺ すべての国務大臣のうち国会議員でなければならないのは過半数であり，それ以外は国会議員以外から選んでもよいことになっている。

❻ ⑦ 内閣総理大臣は国会が指名し，天皇が任命する。⑦内閣が最高裁判所長官を指名し，天皇が任命する。その他の裁判官は内閣が任命する。

第3章 現代の民主政治と社会③

p.32 **Step ❶**

① 地方公共団体 ② 特別区 ③ 地方自治
④ 地方分権 ⑤ 条例 ⑥ 首長
⑦ 二元代表制 ⑧ 30歳以上 ⑨ 直接請求権
⑩ 歳入 ⑪ 地方財政 ⑫ 地方税
⑬ 地方交付税交付金 ⑭ 国庫支出金
⑮ 地方債 ⑯ 住民投票
⑰ NPO（非営利組織） ⑱ 過疎地域

p.33-35 **Step ❷**

❶ ① 地方公共団体 ② 特別区 ③ 地方自治法
　④ ⑦ ⑤ ⑦ ⑥ 学校 ⑦ ⑦
❷ ① ① エ ② a 30 b 25 c 4 ③ ⑦ ② ⑦
　③ ① ア 50分の1 イ 50分の1
　　　ウ 3分の1 エ 3分の1
　　② 記号 キ・ク（順不同）
　　　請求先 選挙管理委員会
　　③ 直接請求権
❸ ① ① 国庫支出金 ② 地方債
　　③ 例 地方公共団体の財政格差をなくすため
　　に国から配分されるお金。
　② ① ⑦ ② ⑦
❹ ① ⑦ ② NPO

考え方

❶ ① 日本国憲法第92条の条文にある地方自治の
　本旨とは，住民の意思に基づいてその地域
　を運営するという住民自治と，国から自立
　して，地方公共団体によって地域の行政を
　行う団体自治のことを指している。
　② 東京都の23区は特別区と呼ばれ，市とほぼ
　同じ権限を持っている。
　③ 地方自治法は，地方自治が自主的に行われ
　るように，地方公共団体の組織や運営など
　について定めている法律。
　④ ⑦ 裁判は司法権をもつ裁判所が行うもので，
　行政機関である地方公共団体は行わない。
　⑤ スーパーマーケットは民間経営が基本であ
　るため，地方公共団体に対する要望には適
　さないと考えられる。

⑥ 民主主義の学校とは，住民にとって，地方
　自治が最も身近で住民の意見を反映させる
　政治を行っていることから，民主主義を学
　ぶことができる場であるという意味。
⑦ 地域のことは地域で行う，という考え方に
　よって進められているのが地方分権である。
　⑦～⑦のように国の役割が大きいことを中
　央集権という。
❷ ① ① 図の仕組みを国に例えると，首長が内閣
　総理大臣，議会は国会となる。国では衆議
　院が内閣に対して不信任決議が行えること，
　内閣は衆議院に対して解散を行えることか
　らア・イは国の政治の仕組みにもあるとい
　える。ウの予算の議決も国会の権限とされ
　ていることから，国の政治の仕組みにある
　といえる。内閣総理大臣は国会の議決した
　ことに再議を求めることはできないので，
　エが国の政治の仕組みにはないものである。
　② 都道府県知事の被選挙権は参議院議員の
　被選挙権と同じ30歳である。また，市（区）
　町村長の被選挙権は衆議院議員の被選挙権
　と同じ25歳である。任期はどちらも4年で
　あるが，任期途中で解職されたり，議会が
　解散したりすることもある。
　③ 地方議会は二元代表制をとっており，首
　長と地方議員のどちらも住民が選挙する。
　国政選挙では国民は国会議員を選挙で選ぶ
　が，内閣総理大臣は国会議員が選ぶ。
　② 条例は地方公共団体独自に制定できる，地
　方公共団体のみで通用する法。ただしその
　内容は必ず法律の範囲内でなければならな
　いとされている。⑦条例案を議決し制定す
　るのは地方議会。⑦条例には罰則のないも
　のもある。⑦条例は，住民が直接請求権に
　よって改廃や制定を求めることができる。
　❸ ① 人の地位や職を奪う可能性のある請求は
　有権者の3分の1以上の署名が必要。それ
　以外は50分の1以上でよい。
　② オは首長，カは監査委員，キとクは選挙
　管理委員会がそれぞれの請求先となる。
　③ 直接請求権は，住民の意見を地方自治に
　反映させるために制定されている仕組みで
　ある。国の政治には取り入れられていない。

❸❶① 使途が特定されていることから，国庫支出金と判断できる。
② 「債」は借金を意味する。地方の借金は地方債，国の借金は国債である。
③ 地方財政の格差をなくすために国から配られるお金であることが書けていれば正解。例えば，地方税収入の多い東京は国から交付される地方交付税交付金はわずかだが，過疎が進む地方の県は多く交付されている。
❷① ⑦ 市の数は増えている。⑦合計数は減少しているものの，半数を下回ってはいない。
② 市町村合併が進めば，これまで行き届いていた行政サービスの質が低下することが指摘されている。
❹❶ ⑦ 条約は国の外交に関わることのため，地域の政治ではなく，住民投票が行われたことはない。⑦は1996年に新潟県巻町（現在の新潟市）で，⑦は2015年に大阪市で，⑤は1997年の岐阜県御嵩町でそれぞれ住民投票が行われた。
❷ NPOはNon Profit Organizationの略。利益のためではなく，社会貢献のために活動する団体で，活動場所が主に国内の組織を指すことが多い。

p.36-37　Step ❸
❶❶① ⑦　② 25歳以上　❷ 二元代表制
❸① ５千人　② 10万人
❹ 請求先 選挙管理委員会　取り扱い ⑦
❷　例 歳出における地方債の返済割合が大きくなり，必要な仕事にお金を回せなくなる。
❸❶ ⑦
❷① A 地方交付税交付金　説明 ⑦
② 都道府県 沖縄県
理由 例 使い道が限定されている国庫支出金の割合が高いため。
③ 依存財源
❸ ⑤

考え方
❶❶① 地方公共団体の長は，住民から直接選挙で選ばれる。

② 都道府県知事の被選挙権は30歳以上，市町村長の被選挙権は25歳以上となっているが，地方議会議員の被選挙権は，都道府県も市町村も同じ25歳以上である。
❷ 地方の選挙は国とは異なり，議員と首長をそれぞれ住民が直接選挙していることから二元代表制という。
❸① 25万人の50分の１なので５千人。
② 30万人の３分の１なので10万人。
❹ 市町村長の解職は，議会の解散と同じく請求先は選挙管理委員会である。署名が有効と判断されれば住民投票に移り，有効投票の過半数の同意があれば解職される。
❷ 地方債の返済が財政の問題点となることが書けていれば正解。実際に北海道の夕張市では財政が破綻した。今後破綻する地方公共団体が増えないよう，国は地方公共団体の財政を毎年確認し，財政が破綻する前に立て直しを求めるための法律を定めた。
❸❶ 高齢化が進み，福祉にかかる費用が増大していることが近年の課題である。⑦公務員の削減は進められているが，総務費の割合は減少し続けてはいない。⑦⑤教育費・土木費の割合は減少している。
❷① 地方公共団体の収入には地方税，国庫支出金，地方債のほかに地方交付税交付金がある。
②③ 地方税のように，地域住民や企業が負担するものを自主財源という。東京都は自主財源である地方税の割合が高く，沖縄県は依存財源である地方交付税交付金，国庫支出金の割合が多くなっている。②は国庫支出金は使途が限定されているため，その割合が高ければ独自に使えるお金が少なくなる，ということが書けていれば正解。
❸ ⑦ 人口が増えると地方税の収入が増えるので歳入は増える。⑦地方公共団体の多くが自主財源だけではまかなえず，地方交付税交付金や国庫支出金を受けている。⑦現在は国の仕事や財源が地方に移される地方分権が加速している。

第4章 私たちの暮らしと経済①

p.38 **Step ❶**

❶ 家計 ❷ 財 ❸ サービス ❹ 消費支出
❺ 貯蓄(ちょちく) ❻ 消費者主権 ❼ 契約自由の原則(けいやく)
❽ クーリング・オフ制度
❾ 製造物責任法（PL法） ❿ 流通
⓫ 分業 ⓬ 資本主義経済 ⓭ 私企業(しきぎょう)
⓮ 株式会社 ⓯ 株主総会 ⓰ 労働基準法

p.39-41 **Step ❷**

❶ ❶ ① 190,000円 ② イ ③ サービス ❷ ウ
❷ ❶ ウ ❷ 消費者基本法
　 ❸ 製造物責任法（PL法）
❸ ❶ A 卸売(おろしうり) B 小売
　 ❷ 例 流通の仕組みが複雑になり，費用が多く
　 かかるため商品の価格が高くなる。
❹ ❶ 資本主義経済 ❷ 公企業(こうきぎょう) ❸ A ❹ ウ
❺ ❶ 証券取引所 ❷ ウ
❻ ❶ ① ウ ② ア ③ イ
　 ❷ 例 日本では，25〜29歳から働く女性の割合
　 が一時的に減少しているが，スウェーデン
　 では増加している。
　 ❸ 例 業績に応じて労働者の数を調整でき，人
　 件費をおさえられるため。

（考え方）

❶ ❶ ① 消費支出は食料費，電気料金などの光熱
　 費，住居費など，生活に必要な財やサービ
　 スに使った支出のこと。世帯主の給料
　 300,000円から，税金など53,000円，貯蓄の
　 30,000円，その他27,000円を引いた額となる。
　 ② 社会保険料は非消費支出の一つで貯蓄で
　 はない。預金や株式は貯蓄の一形式である。
　 ③ 形のある商品を財，形のない商品をサー
　 ビスという。
　 ❷ クレジットカードは手元にお金がなくても
　 買い物ができる。代金はカード会社がいっ
　 たんお店に支払い，消費者は後でカード会
　 社に代金を支払っているので，後払いになる。
　 そのため，支払いを考えて利用する必要が
　 ある。

❷ ❶ アメリカでは1960年代に消費者問題が深刻
　 化したことから，当時の大統領であるケネ
　 ディが提唱した。
　 ❷ 消費者の権利を明確に規定し，消費者が被(ひ)
　 害にあうのを防ぐことを目的として，消費
　 者保護基本法から改正された。
　 ❸ この他にも，消費者契約法など，消費者を
　 保護するための法律が制定されている。
❸ ❶ A 卸売業者は，生産者から商品を仕入れて
　 小売業者に売る。B小売業者は，卸売業者
　 から仕入れて消費者に売る。
　 ❷ 商品が卸売業者などを通して消費者に届く
　 までを流通という。流通に多くの業者が関
　 わることで，商品の価格が高くなることが
　 書けていれば正解。もともとの商品の価格に，
　 中間にいる業者の利益や輸送費などの費用
　 が加わるため，関わる業者が増えるほど消
　 費者に届いたときの価格は高くなる。
❹ ❶ 資本とはお金だけでなく，土地（自然），設
　 備（資本財），労働力など，生産に関わる要
　 素をふくむ。
　 ❷ 利潤を目的とする企業を私企業という。(りじゅん)
　 ❸ 日本の企業の90％以上は中小企業がしめて
　 いることから，Aが企業数である。Bは従業
　 者数，Cが売上高である。
　 ❹ 自動車会社が性能の高い自動車を開発する
　 のは，売れる自動車をつくり，利益を得る
　 ためであり，企業の社会的責任を果たす取
　 り組みにはあたらない。
❺ ❶ 証券取引所における株式の売買を通じて，
　 株式の値段である株価が決まる。
　 ❷ ⑦ 株主は利潤の一部を配当として受け取る。
　 ⑦多くの場合，経営は専門知識を持つ経営
　 者にまかせる。⑤株式会社の場合，株主は
　 出資した分の損失だけで済む。
❻ ❶ 国は，使用者に対して弱い立場にある労働
　 者の権利を労働三法で保障している。
　 ❷ 日本では，25〜29歳から働く女性の割合が
　 減少しているが，スウェーデンでは増加し
　 ているということが書けていれば正解。日
　 本では結婚や妊娠で一度仕事を辞める女性
　 が多いため，25歳以降で減少する。

❸ 非正規労働者の場合，業績に応じて労働者の数を調整できることをふまえ，経営者は人件費を削減したいと考えていることが書けていれば正解。しかしこれが，非正規労働者の生活の不安定さにつながっている。

p.42-43 **Step ❸**

❶❶① 私企業　② 株式会社

　　③ A 株主　B 株主総会　C 配当

　❷ ⑦

　❸① クーリング・オフ制度　② 消費者主権

❷❶ 卸売　❷ ⑦　❸ A ⑦　B ⑦　C ⑦

❸❶ 1点目：例 **女性のみを募集するという点は，男女雇用機会均等法に違反している。**

　　2点目：例 **1日8時間以上労働させるという点は，労働基準法に違反している。**

　❷ ㊤

　❸① A 労働組合　B 労働争議

　　② 資料II ⑦　資料III ⑦

考え方

❶❶① 利潤を目的とする企業を私企業，利潤を目的としない企業を公企業という。私企業はさらに，農家や個人商店などの個人企業，株式会社などの法人企業に分類される。

　　② 株式を発行して資金を集める法人企業を，株式会社という。

　　③ Aは株式を購入することで企業に投資した株主。Bは株主が出席して経営方針などを決める株主総会。Cは利潤の一部を株主が受け取る配当である。

　❷ サービスは形のない商品。タクシーに乗ったり，映画を見たりすることが，サービスの購入にあてはまる。

　❸① 消費者を保護するためにつくられた制度の一つ。訪問販売や電話勧誘などで商品を買った場合に適用される。

　　② 宣伝や広告にまどわされず，適切な商品を消費者自身の意志で購入することをいう。

❷❶ 卸売業者は，生産者から買い付けたものを小売業者に売る。

　❷ せりは複数回行うのではなく，一度で多くの商品を扱った方が合理的である。

❸ A 1980年代に販売額が増加したものの，現在減少しつつあるのは百貨店。現在でも売り上げを維持しているのはBの大型スーパーマーケット。残るCはコンビニエンスストアである。

❸❶ 男女雇用機会均等法は，雇用の面での男女差別を禁止する法律である。求人広告において女性のみを募集することは認められない。また，1日の労働時間が3〜10時間となっているが，労働基準法では週40時間，1日8時間以内の労働でなければならないと定められているため，10時間の労働は認められない。こうしたことが書けていれば正解。

　❷ 非正規労働者の生活の安定のために，同じ労働に対しては同じ賃金を支払う同一労働同一賃金が目指されているが，十分な実現にはいたっていない。

　❸①② **資料II** の労働組合法は，使用者に対して労働環境の改善などを要求する労働組合結成を認める法律である。**資料III** の労働関係調整法は労働争議（ストライキのこと）を防ぐために労働者と使用者の労働関係を調整する法律である。

第4章 私たちの暮らしと経済②

p.44 **Step ❶**

① 均衡価格　② 独占禁止法　③ 公共料金
④ 直接金融　⑤ 発券銀行　⑥ インフレーション
⑦ (外国) 為替相場 (為替レート)
⑧ 間接税　⑨ 社会資本　⑩ 国債　⑪ 社会保険
⑫ 水俣病　⑬ 環境基本法
⑭ 循環型社会

p.45-47 **Step ❷**

❶ ❶① 量 需要量　曲線 B　② 均衡価格
　　③ ⑦
　❷ 例 入荷量が多い時は価格が下がり，入荷量
　　が少ない時は価格が上がる。
❷ ❶ 預金　❷ a　❸ 間接金融　❹ ⑦
❸ ❶ 景気変動
　❷ 例 通貨の価値が下がり，物価が上がり続け
　　る現象。
　❸ ⑦→⑤→⑦→④　❹ A 円安　B 円高
❹ ❶ A 直接税　B 間接税　C 地方税
　❷ 累進課税　❸ ⑦・④ (順不同)
❺ ❶① ④　② ⑦　③ ⑦　④ ⑤
　❷ 例 少子高齢化が進むことで，働く世代の (保
　　険料) 負担が増加する。
❻ ❶ A 新潟水俣病　B 四日市ぜんそく
　　C イタイイタイ病　D 水俣病
　❷ E ⑦　F ④　❸ 環境基本法
　❹ 例 ごみを分別して出す。など

考え方

❶ ❶① 価格が高くなると，消費者が買おうとす
　　る量 (需要量) は減少し，生産者が売ろう
　　とする量 (供給量) は増加する。
　　② 需要量と供給量が一致する価格を指す。
　　③ 価格が70円のとき，需要量は40個，供給
　　量は80個だから，商品は売れ残り，価格は
　　下落する。
　❷ 入荷量が多い時は価格が低くなり，少ない
　　時は価格が高くなることが書けていれば正
　　解。農産物など季節や天候によって生産量
　　が変化するものは，供給量が一定でないため，
　　価格も大きく変化する。

❷ ❶ 銀行は，家計や企業から余っている資金を
　　預金として集める。
　❷ 貸し出しに対する金利は，預金に対する金
　　利よりも高い。その差額が，金融機関のも
　　うけとなる。
　❸ 金融には，貸し手から直接借りる直接金融と，
　　金融機関を通じて借りる間接金融がある。
　❹ 日本銀行は企業や個人などと直接取引を行
　　うことはない。⑦日本銀行券 (紙幣) を発
　　行する役割は「発券銀行」という。⑦一般
　　の銀行の預金受け入れの役割は「銀行の銀
　　行」という。④政府のお金を預かる役割は「政
　　府の銀行」という。

❸ ❶ Aは好景気 (好況) で，生産が拡大し消費
　　が増えている状態。Bは不景気 (不況) で，
　　生産が縮小し消費も減っている状態。
　❷ 通貨価値が下がり，物価が上がることが書
　　けていれば正解。この反対で，通貨価値が
　　上がり，物価が下がることをデフレーショ
　　ンという。
　❸ 日本銀行が銀行から国債を買うと銀行の資
　　金量が増えて，銀行が積極的に企業に貸し
　　出しをするようになる。貸し出し資金を得
　　た企業が生産を活発化させると，景気は回
　　復に向かう。
　❹ 円安は円の価値が下がること。円高は円の
　　価値が上がること。円高は輸出が中心の企
　　業には不利であるが，輸入が中心の企業に
　　は有利になる。円安はその逆である。

❹ ❶ A～C 税金を納める納税者と税金の負担者が
　　一致する税は直接税，一致しない税は間接
　　税である。また，納付先が国であれば国税，
　　地方公共団体であれば地方税である。
　❷ 税の公平な負担という観点から，所得税や
　　相続税には，所得が多いほど税率が高くな
　　る累進課税が適用されている。
　❸ 政府は，不景気のときは減税や公共投資の
　　増加によって企業や家計のお金の量を増や
　　し，消費をうながして経済を活発化させよ
　　うとする。

❺ ❶①〜④ 社会保険には，年金保険，医療保険，介護保険などが含まれる。公的扶助の中心的な柱は生活保護である。

❷ 少子高齢化が働く世代の負担の増加につながることが書けていれば正解。高齢者が増え，保険料を負担する働く世代が少なくなれば，一人あたりの保険料は増える。

❻ ❶ 新潟水俣病，四日市ぜんそく，イタイイタイ病，水俣病を四大公害病という。

❷ 水俣病，新潟水俣病はメチル水銀，イタイイタイ病はカドミウムによる水質汚濁が原因。四日市ぜんそくはコンビナートのばい煙による大気汚染が原因。

❸ 1967年に制定された公害対策基本法を，地球規模の環境問題にも対応するために改正したのが環境基本法。

❹ ごみを分別して出すことの他に，レジ袋を使わないようにする，リサイクルされた製品を買う，リユースできる製品を買う，といったことが書けていれば正解。

p.48-49　Step ❸

❶ ❶ 国内総生産

❷① イタイイタイ病　②⑦

❸① A 15,000（ドル）　B 10,000（ドル）

②円高

❷ ❶ 寡占

❷ 例 不当に高い価格で商品を購入させられることがある。

❸ 法律 独占禁止法　機関 公正取引委員会

❸ ❶① A 健康　B 最低限度　②エ

❷ ⑦　**❸** ⑦

❹① 施設 社会資本（インフラ）

サービス 公共サービス

② 例 歳出は増えているが，税収は減少しているから。

考え方

❶ ❶ 高度経済成長期には，国内総生産を上げることが豊かさの指標とされていた。

❷① 患者が「イタイイタイ」と泣き叫んだことからこの名がついた。

② 日本銀行が一般の銀行に国債を売ると，銀行がもつお金の量が減り，企業などへの貸し付けが減って市場に流通するお金の量は減る。これによって景気が安定する。

❸① 1ドル100円のとき1200000円÷100＝12000ドルなので，1200000円÷80＝15000ドル，1200000円÷120＝10000ドルとなる。

② 産業の空洞化とは，円高が進んで輸出産業の売り上げが厳しくなり，生産拠点を海外に移す企業が増えることを指す。

❷ ❶ ある商品を生産する企業が一つの場合は独占，数社で少ない場合は寡占という。

❷❸ 商品の価格が不当に高くなることが書けていれば正解。一つの商品を生産する企業が少ないと，選択肢が少なくなり，価格が高くても消費者は購入せざるを得ない。競争が進まないことで，企業側が生産量や価格を決めることができてしまう。これを防ぐため，独占禁止法に基づいて公正取引委員会が指導を行っている。

❸ ❶① 日本国憲法第25条では，国民の健康で文化的な最低限度の生活を営む権利を生存権として保障している。

② ⑦は社会保障の中の公的扶助。⑦は介護保険で社会保険の一つ。⑦は社会福祉。

❷ 累進課税は，所得が多いほど税率が高くなる仕組み。⑦は所得額100万円の税率が5％，所得額200万円の税率が10％になっているので，累進課税が適用されている。⑦所得の多少にかかわらず税率が5％になっている。⑦所得額100万円の税率が5％，所得額200万円の税率が2.5％になっている。

❸ 日本の税収は，間接税よりも直接税の割合の方が高いので，Aは直接税。固定資産税は直接税だが市町村税である。日本は収入にかかわらずだれもが一律に負担する消費税など間接税の割合が他国に比べて低い。

❹① 社会資本や公共サービスの提供は，政府が行う。

② 歳出は増加傾向にあるが，税収は減っていることが書けていれば正解。国債は，国の借金である。

第5章 私たちと国際社会
終章 持続可能な社会を目指して

p.50 **Step ①**

❶ 領域　❷ 排他的経済水域
❸ 安全保障理事会　❹ 平和維持活動（PKO）
❺ アジア太平洋経済協力会議（APEC）
❻ 南北問題　❼ BRICS
❽ 地球温暖化　❾ 再生可能エネルギー
❿ テロリズム（テロ）　⓫ 難民
⓬ 政府開発援助（ODA）　⓭ 世界遺産条約
⓮ 持続可能な社会

p.51-53 **Step ②**

❶ ❶ ① 領空　② 領土　③ 領海
　　　④ 排他的経済水域
　❷ A 北方領土　B 尖閣諸島　C 竹島
❷ ❶ 国際連合　❷ 総会　❸ 拒否権
　❹ ⑦　❺ 持続可能な開発目標（SDGs）
❸ ❶ ① A ⑦　B ⑦　C ⑦　D ⑦　E ⑦　F ⑦
　　　② ユーロ
　　　③ 環太平洋経済連携協定（TPP11協定）
　❷ ① 例 先進国が多い北半球と途上国が多い
　南半球との間の経済格差問題。
　　　② ブラジル, ロシア, インド, 中国
　南アフリカ共和国
❹ ❶ 酸性雨　❷ ⑦→⑦→⑦　❸ ⑦
❺ ❶ ① アジア　② アフリカ
　❷ マイクロクレジット（少額融資）
　❸ ⑦　❹ ⑦
❻ ❶ 例 金額は多いが, 国民総所得（GNI）にし
　める割合は低い。
　❷ ⑦　❸ ⑦

┃考え方┃

❶ ❶ 領空は, 領土と領海の上空である。領土・
領海・領空はその国の主権がおよぶ領域と
なる。排他的経済水域は, 沿岸国が漁業資
源や鉱産資源などを利用する権利を持つ水
域で, 沿岸から200海里までの領海の外側の
水域。その外側は公海となっており, 国を
問わず自由に航行・操業できるとされてい
る（公海自由の原則）。南極大陸や宇宙空間

は, どの国も領域にできないとされている。
❷ A北方領土は, 歯舞群島, 色丹島, 国後島,
択捉島からなり, 第二次世界大戦後にソ連
が不法に占拠した。ソ連を引き継いだロシ
ア連邦に対して, 日本は返還を求めている。
B尖閣諸島は, 先島諸島の北方に位置して
おり, 沖縄県石垣市に属している。中国が
その領有権を主張している。C竹島は隠岐
諸島の北西に位置しており, 島根県隠岐の
島町に属している。現在, 韓国が不法に占
拠しているため, 日本は抗議を続けている。

❷ ❶ 国際連合は, 1945年に世界平和を守るため
に設立された。第一次世界大戦後に設立さ
れたのは国際連盟である。
❷ 全加盟国で構成され, 年1回開かれる。
❸ 安全保障理事会は2年任期の非常任理事国
10か国と常任理事国5か国（アメリカ, 中国,
イギリス, フランス, ロシア連邦）からな
るが, 常任理事国のうち1か国でも反対す
ると, 重要な問題について決議できない。
❹ 南スーダンは現在最も新しい国連の加盟国。
地域の平和と安全を定着させるために, 自
衛隊が派遣された。
❺ 持続可能な開発目標（SDGs）は地球規模の
課題解決に向け2030年までに達成すること
を目指した目標である。課題を17の領域に
分けて表示している。

❸ ❶ ① APECはアジア太平洋経済協力会議,
MERCOSURは南米南部共同市場, ASEAN
は東南アジア諸国連合, EUはヨーロッパ連
合, USMCAは米国・メキシコ・カナダ協定,
AUはアフリカ連合。地域ごとに国が結びつ
き, 経済や安全保障などにおいて協力し合
う組織をつくることを, 地域統合という。
② 2020年現在, 加盟国27か国のうち19か国
が導入している。
③ アジア太平洋地域の国々が参加し, 経済
関係の強化を図ろうとしている協定が環太
平洋経済連携協定（TPP11協定）である。
日本も2018年に署名したが, 海外から安い
農産物が輸入されて, 国内の農業に打撃を
あたえる可能性があるとも考えられている。

❷① 北半球に多い先進国と，南半球に多い途上国との間の経済格差について書けていれば正解。現在では南北だけでなく途上国の間でも経済格差が広がっており，これを南南問題という。

② 発展途上国の中でも，BRICS諸国は国土が広く，天然資源も豊富である。

❹❶ 写真は酸性雨によって立ち枯れた森林。この他にも，オゾン層の破壊，砂漠化，海洋汚染などさまざまな地球環境問題がある。

❷ ⑦ 国連人間環境会議は1972年にストックホルムで,⑨国連環境開発会議（地球サミット）は1992年にリオデジャネイロで，⑦地球温暖化防止京都会議は1997年に京都でそれぞれ開催された。

❸ 太陽光や風力，地熱，バイオマスなどの再生可能エネルギーを利用した発電の普及が進められているが，現在の技術では発電費用が高く，自然条件に電力の供給が左右される点が課題となっている。

❺❶① 世界人口の約6割はアジアに集中している。

② アフリカでは人口爆発と呼ばれる急速な人口増加が続いており，今後さらに人口が増えると予想されている。

❷ 将来の世代の貧困をなくす取り組みとして，フェアトレードとともに注目されている。

❸ 核兵器を保有する国をアメリカ，ロシア連邦，イギリス，フランス，中国とし，その他の国が核兵器を持つことを禁じた条約。しかし，実際には新たに保有する国や，保有しようとする国があり，問題となっている。

❹ UNICEFは国連児童基金，UNESCOは国連教育科学文化機関，UNEPは国連環境計画の略称である。

❻❶ 政府開発援助（ODA）の額は多いが，国民総所得（GNI）にしめる割合が比較的低いことが書けていれば正解。スウェーデンやノルウェーなど北欧の国はその逆である。

❷ UNESCOは国連教育科学文化機関の略称で，世界遺産の登録，識字率の向上，義務教育の普及などを行っている。

❸ 自分のためだけに行動したのでは持続可能な社会は実現できない。

p.54-55　Step ❸

❶❶ ⑦
❷① 例 **排他的経済水域を確保するため。**
　② **ロシア連邦**　❸① **BRICS**　②⑦
❷❶ A **貧困**　B **飢餓**　❷ ㋩
❸ **人間の安全保障**
❸❶① **温室効果ガス**
　② **京都議定書**
　③ 例 **削減目標を設定していない**
　④ A **中国**　B **アメリカ**　⑤ **パリ協定**
❷① ⑦　② **原子力**　③ ⑨

考え方

❶❶ 上位5か国の割合の合計は53.3％である。⑦負担の割合は等しくなっていない。⑨日本とドイツは常任理事国ではない。㋩上位10か国のうち，ブラジルは南アメリカ大陸，アメリカとカナダは北アメリカ大陸にある。

❷① 排他的経済水域を守る意図があることが書けていれば正解。排他的経済水域は魚などの漁業資源や石油などの鉱産資源を開発する権利が認められているため，沖ノ鳥島は，島が波の浸食で失われないようにしている。

② 日本の最北端は択捉島。択捉島を含む北方領土問題は解決に向けた話し合いが進んでいない。

❸① ブラジル（Brazil），ロシア（Russia），インド（India），中国（China），南アフリカ共和国（South Africa）の頭文字をとってBRICSと呼ばれる。

② アジア太平洋経済協力会議（APEC）は日本とアメリカを含めた環太平洋に位置する21の国と地域が参加している。

⑦ USMCAは米国・メキシコ・カナダ協定で，アメリカは参加しているが，日本は参加していない。⑨2017年にアメリカがTPPから離脱し，2018年に日本を含めた11か国でTPP11協定が発効した。㋩ASEANは東南アジア諸国連合で，日本もアメリカも参加していない。

❷ ❶ 特にサハラ砂漠以南のアフリカ大陸での貧困は深刻で，5歳未満の子どもが死亡する割合がヨーロッパの15倍といわれている。

❷ UNHCRは，国連難民高等弁務官事務所の略称で，難民保護だけでなく難民キャンプにおける教育の普及や職業訓練を行っている。⑦宗教のちがいや貧困問題を背景として，近年テロは増加傾向にある。④核拡散防止条約に加盟していないインドやパキスタンでは核実験が行われている。⑨民族紛争や地域紛争は中東地域で多く発生しているため，難民が中東諸国からヨーロッパへと移動する動きが起こっている。

❸ 一人一人の人間を大切にする考え。日本の外交方針の一つとなっている。

❸ ❶ ① 地球温暖化の原因となっていると考えられる温室効果ガスには，二酸化炭素やメタンなどがある。地球温暖化によって，北極圏や南極大陸の氷が溶け海面が上昇し，海抜の低い島国は水没する危険に見舞われている。また気候が変動することにより農作物が育たなくなったり，干ばつや洪水が起きたりといった被害が多発することが心配されている。

② 1997年に京都で開かれた地球温暖化防止京都会議では，先進国に温室効果ガス削減目標を設定した京都議定書が採択された。

③ 削減目標が設定されていないことが書けていれば正解。京都議定書で削減目標を設定したのは先進国だけであり，結果として途上国からの二酸化炭素の排出量が増えている。アメリカなどの先進国は，途上国も排出量を削減しなければ地球温暖化を防ぐことは難しいと考えているが，途上国は，今まで環境を破壊してきたのは先進国だとして，取り組みへの議論は平行線をたどっているという現状がある。

④ ③ の説明をもとに考えてみると良い。Aは途上国で工業化が急速に進み，二酸化炭素を多く排出している中国，Bは京都議定書を離脱したアメリカとわかる。

⑤ パリ協定では，途上国を含め，各国がそれぞれの削減目標を打ち立てて取り組むこととなった。

❷ ① グラフの「太陽光・風力・地熱など」は再生可能エネルギーにあたり，近年増加傾向にある。⑦グラフの左にある年の下に総供給量が示されている。2000年以降，エネルギー総供給量は減少している。⑨日本の高度経済成長期は1955〜70年代であるが，この時期の原子力発電の割合はわずかである。④石油・石炭・天然ガスを含めた火力発電の割合が最も高いのは1970年である。

② グラフを見ると，2010年に11.3%あった原子力が2016年には0.8%になっていることがわかる。2011年に起きた東日本大震災の際，福島第一原子力発電所が津波の影響を受け，大事故が発生した。放射性物質が大量放出し，周辺住民は長期にわたる避難を強いられた。原子力発電は安定的に電力を供給できる一方，事故が起きたときに人体や環境に与える影響が大きいことが再認識され，エネルギー政策を見直すきっかけとなった。

③ 石油や石炭などの化石燃料は燃やす際に二酸化炭素を多く排出するため，地球温暖化の原因の一つとなっている。また，化石燃料は限りがあるため，これらの資源に頼っていると世界全体の資源不足をもたらす。こうした資源・エネルギーの問題に取り組むことは，地球環境を守ることや，持続可能な社会を築くために欠かせない問題である。

テスト前 ☑ やることチェック表

① まずはテストの目標をたてよう。頑張ったら達成できそうなちょっと上のレベルを目指そう。
② 次にやることを書こう（「ズバリ英語〇ページ，数学〇ページ」など）。
③ やり終えたら□に✔を入れよう。
　最初に完ぺきな計画をたてる必要はなく，まずは数日分の計画をつくって，
　その後追加・修正していっても良いね。

目標

	日付	やること1	やること2
2週間前	／	☐	☐
	／	☐	☐
	／	☐	☐
	／	☐	☐
	／	☐	☐
	／	☐	☐
	／	☐	☐
1週間前	／	☐	☐
	／	☐	☐
	／	☐	☐
	／	☐	☐
	／	☐	☐
	／	☐	☐
	／	☐	☐
テスト期間	／	☐	☐
	／	☐	☐
	／	☐	☐
	／	☐	☐
	／	☐	☐

テスト前 ☑ やることチェック表

① まずはテストの目標をたてよう。頑張ったら達成できそうなちょっと上のレベルを目指そう。
② 次にやることを書こう（「ズバリ英語○ページ，数学○ページ」など）。
③ やり終えたら□に✓を入れよう。
　　最初に完ぺきな計画をたてる必要はなく，まずは数日分の計画をつくって，
　　その後追加・修正していっても良いね。

目標

	日付	やること1	やること2
2週間前	／	☐	☐
	／	☐	☐
	／	☐	☐
	／	☐	☐
	／	☐	☐
	／	☐	☐
	／	☐	☐
1週間前	／	☐	☐
	／	☐	☐
	／	☐	☐
	／	☐	☐
	／	☐	☐
	／	☐	☐
	／	☐	☐
テスト期間	／	☐	☐
	／	☐	☐
	／	☐	☐
	／	☐	☐
	／	☐	☐

社会公民 全教科書版